Quick Guide

Quick Guides liefern schnell erschließbares, kompaktes und umsetzungsorientiertes Wissen. Leser erhalten mit den Quick Guides verlässliche Fachinformationen, um mitreden, fundiert entscheiden und direkt handeln zu können.

Weitere Bände in der Reihe http://www.springer.com/series/15709

Gordon Müller-Seitz · Jonas Metzger ·
Florian Ritter · Marc Schmüser ·
Jannik Westram

Quick Guide Digitale Transformation im Mittelstand

Wie Sie Ihre Digitalisierungsstrategie erfolgreich finden und umsetzen

Gordon Müller-Seitz
Technische Universität Kaiserslautern
Kaiserslautern, Deutschland

Jonas Metzger
Technische Universität Kaiserslautern
Kaiserslautern, Deutschland

Florian Ritter
Technische Universität Kaiserslautern
Kaiserslautern, Deutschland

Marc Schmüser
Technische Universität Kaiserslautern
Kaiserslautern, Deutschland

Jannik Westram
Technische Universität Kaiserslautern
Kaiserslautern, Deutschland

ISSN 2662-9240 ISSN 2662-9259 (electronic)
Quick Guide
ISBN 978-3-658-34977-6 ISBN 978-3-658-34978-3 (eBook)
https://doi.org/10.1007/978-3-658-34978-3

Die Deutsche Nationalbibliothek verzeichnet diese Publikation in der Deutschen Nationalbibliografie; detaillierte bibliografische Daten sind im Internet über http://dnb.d-nb.de abrufbar.

© Der/die Herausgeber bzw. der/die Autor(en), exklusiv lizenziert durch Springer Fachmedien Wiesbaden GmbH, ein Teil von Springer Nature 2021
Das Werk einschließlich aller seiner Teile ist urheberrechtlich geschützt. Jede Verwertung, die nicht ausdrücklich vom Urheberrechtsgesetz zugelassen ist, bedarf der vorherigen Zustimmung der Verlage. Das gilt insbesondere für Vervielfältigungen, Bearbeitungen, Übersetzungen, Mikroverfilmungen und die Einspeicherung und Verarbeitung in elektronischen Systemen.
Die Wiedergabe von allgemein beschreibenden Bezeichnungen, Marken, Unternehmensnamen etc. in diesem Werk bedeutet nicht, dass diese frei durch jedermann benutzt werden dürfen. Die Berechtigung zur Benutzung unterliegt, auch ohne gesonderten Hinweis hierzu, den Regeln des Markenrechts. Die Rechte des jeweiligen Zeicheninhabers sind zu beachten.
Der Verlag, die Autoren und die Herausgeber gehen davon aus, dass die Angaben und Informationen in diesem Werk zum Zeitpunkt der Veröffentlichung vollständig und korrekt sind. Weder der Verlag noch die Autoren oder die Herausgeber übernehmen, ausdrücklich oder implizit, Gewähr für den Inhalt des Werkes, etwaige Fehler oder Äußerungen. Der Verlag bleibt im Hinblick auf geografische Zuordnungen und Gebietsbezeichnungen in veröffentlichten Karten und Institutionsadressen neutral.

Planung/Lektorat: Carina Reibold
Springer Gabler ist ein Imprint der eingetragenen Gesellschaft Springer Fachmedien Wiesbaden GmbH und ist ein Teil von Springer Nature.
Die Anschrift der Gesellschaft ist: Abraham-Lincoln-Str. 46, 65189 Wiesbaden, Germany

Vorwort

Mittlerweile hat sich die Einsicht in der Unternehmenspraxis gefestigt, dass sich nicht die Frage stellt, *ob* die Digitalisierung einen Einfluss auf das eigene Unternehmen hat – das ist unstrittig. Vielmehr sollte die Frage gestellt werden: *Wie* kann die digitale Transformation erfolgreich bewältigt werden? Der vorliegende Quick Guide nimmt diese Erkenntnis zum Ausgangspunkt und liefert Impulse, wie diese Bewältigung geschehen kann.

Es zeigt sich, dass die digitale Transformation weit mehr als nur das Überführen von handschriftlichen Listen in digital gestützte Formate oder die Entwicklung von digitalen Dienstleistungsangeboten rund um existierende Produkte ist. Vielmehr werden nahezu sämtliche Bereiche eines Unternehmens von der Digitalisierung erfasst, weshalb sich das Autorenteam dieses Beitrags zum Ziel gesetzt hat, dieser Vielfalt gerecht zu werden und den Versuch unternimmt, möglichst ganzheitliche Anregungen zu liefern.

Das Autorenteam entstammt dem Fachgebiet für Strategie, Innovation und Kooperation des Fachbereichs Wirtschaftswissenschaften der Technischen Universität Kaiserslautern und greift auf langjährige Erfahrungen aus der erfolgreichen Zusammenarbeit mit kleinen und mittleren Unternehmen (KMU) im Rahmen verschiedener Projektkonsortien sowie auf Basis eigener Forschungs- und Beratungsleistungen zurück, die allesamt das Ziel haben, mittelständische Unternehmen im Zuge der digitalen Transformation zu begleiten und erfolgreich für die Zukunft aufzustellen. Zudem wurden eigens für diesen Quick Guide zwei Erhebungen bei KMU in Kooperation mit dem Mittelstand 4.0-Kompetenzzentrum Kaiserslautern durchgeführt, die die vorgestellten Ratschläge anhand von Fallbeispielen empirisch untermauern.

Die vorgetragenen Beispiele und Ideen sind daher auch als ein Ratgeber aus der Praxis für die Praxis konzipiert. Hierin besteht ein wesentlicher Unterschied zu bisherigen Studien und Instrumenten, die zumeist entweder isolierte Aspekte (z. B. die Digitalisierung der Kundenkommunikation) oder rein konzeptionelle Schemata (z. B. mit Blick auf den sogenannten Business Model Canvas) bieten.

Aus Gründen der besseren Lesbarkeit wird auf die gleichzeitige Verwendung der Sprachformen männlich, weiblich und divers (m/w/d) verzichtet. Sämtliche Personenbezeichnungen gelten gleichermaßen für alle Geschlechter.

Wir wollen an dieser Stelle die Gelegenheit nutzen und uns bei den mittelständischen Kooperationspartnern bedanken. Ohne die enge und mittlerweile etablierte Zusammenarbeit sowie deren Rückmeldungen und Ideen wäre dieser Ratgeber nicht entstanden. Schlussendlich gilt unser Dank der reibungslosen und konstruktiven Betreuung durch Carina Reibold, Senior Editor bei Springer Gabler, sowie Professor Dirk Steffens für das gewohnt konstruktiv-kritische Redigieren dieses Quick Guide und Constantin Miederhoff für die wertvolle Unterstützung bei der Finalisierung dieses Buches.

Kaiserslautern
im Spätsommer 2021

Gordon Müller-Seitz
Jonas Metzger
Florian Ritter
Marc Schmüser
Jannik Westram

Inhaltsverzeichnis

1	**Einleitung**	1
2	**Strategie – Die Digitalisierung effektiv nutzen**	5
	2.1 Initiierungsphase – Die Relevanz strategischer Grundlagen	7
	2.2 Entscheidungsphase – Erarbeiten konkreter Ziele und Maßnahmen	14
	2.3 Implementierungsphase und Kontrolle – Umsetzungsplanung und Kontrolle Ihrer digitalen Transformation	21
3	**Kundenkontakt und -kommunikation – Die Rolle des Kunden für den Unternehmenserfolg**	31
	3.1 Marketing – Effektive Ansprache und Einbindung des Kunden	33
	3.2 Vertrieb – Den Kunden und seine Anforderungen in den Mittelpunkt rücken	40
	3.3 Kundenservice – Erweiterungen Ihrer Leistungen	46

4	**Wertschöpfung – Die Digitalisierung als Werkzeug wirtschaftlicher Tätigkeiten**	**57**
	4.1 Produktion – Die Leistungserstellung digital neu denken	59
	4.2 Vernetzung – Digitalisierung als Treiber von Kooperation	65
5	**Organisation – Veränderungen verstehen und gestalten**	**75**
	5.1 Interne Prozesse – Digitalisierung von Geschäftsprozessen	76
	5.2 Personalmanagement und Unternehmenskultur – Wesentliche Treiber des digitalen Wandels	86
	5.3 Management – Trends erkennen und umsetzen	94
	Literatur	102
6	**Ausblick**	**103**

1 Einleitung

Neue Technologien, sozio-kultureller Wandel sowie Globalisierung, Urbanisierung und Konnektivität verändern unsere Welt in einem noch nie dagewesenen Tempo. Die Digitalisierung nimmt in diesem Kontext die wohl stärkste Rolle als Treiber für diesen Wandel ein und steht längst nicht mehr für die bloße Umwandlung von analogen in digitale Daten. Vielmehr umfasst sie verschiedenste technologische und kulturelle Veränderungen, deren Verständnis sich tagesaktuell wandelt und deren Auswirkungen nicht nur unternehmerische Bereiche, sondern auch das soziale Miteinander betreffen.

Die Corona-Pandemie wirkt auf diese Entwicklung wie ein zusätzlicher Beschleuniger und weist konventionelle Geschäftsmodelle immer häufiger in ihre analogen Schranken, während digitale Tech-Giganten ganze Märkte für sich vereinnahmen; getreu dem Motto „The winner takes it all". Diese Veränderungen treffen den eigentlich sehr widerstandsfähigen deutschen Mittelstand mit ungewohnter Härte. Traditionell gewachsene Unternehmen mit einer gesunden Firmenkultur werden nun mit Herausforderungen konfrontiert, die häufig die traditionellen Ideale und Vorgehensweisen infrage stellen. Man muss sich nun gegen eine digitale und globale Konkurrenz behaupten, die den direkten Zugang zum Endverbraucher sucht und findet. Während zahlreiche Branchen bereits stark unter diesen Auswirkungen leiden, verlassen sich manche Mittelständler auf das bereits Erreichte und unterschätzen, dass die Digitalisierung früher oder später sämtliche Bereiche unserer Wirtschaft erfassen und maßgeblich beeinflussen wird.

Die Notwendigkeit zu handeln ist groß, das Dickicht digitaler Möglichkeiten noch größer. Die Potenziale erstrecken sich von Plattformen für die Kundeninteraktion über Softwaresysteme zur Unternehmenssteuerung, intelligente Sensorik für Anlagen und Maschinen bis hin zu neuen, agilen Managementpraktiken. Selbst die Top-Manager vieler Großkonzerne inklusive hochbezahlter Management-Beratungen sind mit dieser Geschwindigkeit oft überfordert und liefern im internationalen Vergleich bislang eher überschaubare Erfolge. Dennoch arbeiten immer mehr Unternehmen daran, nicht durch die Digitalisierung abgehängt zu werden und versuchen mit der rasanten Geschwindigkeit Schritt zu halten. Ganze Abteilungen und neue Rollen auf der Führungsebene, wie beispielsweise der Chief Digital Officer, werden geschaffen und sollen der Komplexität der Digitalisierung gerecht werden. Doch nicht jedes Unternehmen hat die Mittel, die Zeit oder das Personal, um diesen Aufwand zu betreiben: Wie also können kleine und mittelständische Unternehmen auf diesem Terrain bestehen?

In zwei, separat von den Autoren durchgeführten, Studien wurden mittelständische Unternehmen identifiziert, welche sich im digitalen Kontext besonders erfolgreich behaupten konnten. Häufig wurde von den Befragten bemängelt, dass ein Überblick darüber fehlt, welche Möglichkeiten sich gerade für kleine und mittelständische Unternehmen (KMU) bieten, digitale Technologien einzusetzen und erste Schritte in Richtung Digitalisierung zu machen. An diesem Punkt setzt dieser Quick Guide an, ohne dabei Anspruch auf Vollständigkeit zu erheben. Vielmehr dürfen Sie in diesem Buch einen Überblick über die betroffenen Unternehmensbereiche und dort vorzufindende Potenziale erwarten. Ausgehend von den Ergebnissen qualitativer Interviews mit mehr als 35 Geschäftsführenden und Entscheidungsträgern mittelständischer Unternehmen sowie anschließender Tiefeninterviews mit weiteren Vertretern des Mittelstands konnten wir konkrete

Handlungsfelder der digitalen Transformation identifizieren. Diese haben wir entsprechend für Sie aufbereitet.

Ziel dieses Quick Guide ist es, Ihnen Best Practices vorzustellen, wie Sie die digitale Transformation gestalten können. Sie lernen in den folgenden Kapiteln einige Anwendungsfälle kennen, die es Ihnen ermöglichen, selbst Handlungsfelder zu identifizieren und mit spezifischen Maßnahmen voranzuschreiten. Wir stellen Ihnen als Praxistransfer ganz konkrete Beispiele vor, geben erste Vorgehensweisen an die Hand und verschaffen Ihnen einen Überblick über die Zusammenhänge und Wechselwirkungen bei der Digitalisierung verschiedener Geschäftsbereiche.

Der vorliegende Quick Guide ist in vier Hauptkapitel untergliedert. Mit dem Bereich **Strategie** (Kap. 2) beginnend, zeigen wir auf, welche Bedeutung eine gut strukturierte Digitalisierungsstrategie für das Gelingen Ihres Digitalisierungsvorhabens hat.

Das Kapitel **Kundenkommunikation** (Kap. 3) behandelt die Bereiche Marketing, Vertrieb und Service, da hier die wichtigsten Interaktionen mit Kunden stattfinden. Im Bereich **Marketing** (Abschn. 3.1) finden Sie Modelle und Anleitungen, wie Sie es mit digitalen Mitteln schaffen, Kunden auf sich und Ihre Lösungen aufmerksam zu machen und diese in den **Vertriebsprozess** zu überführen. Für den digitalen Vertrieb (Abschn. 3.2) werden Ihnen Ideen und Anwendungsfälle an die Hand gegeben, wie Sie mithilfe digitaler Lösungen kundenzentriert agieren können. Dem schließt sich der **Service** (Abschn. 3.3) als weiterer zentraler Baustein in der Kundenkommunikation an. Wir zeigen Ihnen auf, wie Sie Kosten reduzieren, die Kundenzufriedenheit steigern und langfristige Kundenbeziehungen digital ermöglichen und so Kunden binden.

Das Hauptkapitel **Wertschöpfung** (Kap. 4) ist in die Bereiche **Produktion** (Abschn. 4.1) und **Vernetzung** (Abschn. 4.2) unterteilt. Hier erfahren Sie sowohl, welche Technologien durch mittelständische Vorreiter eingesetzt werden, als auch, wie sich klassische Wertschöpfungsketten verändern und zu Wertschöpfungsnetzwerken weiterentwickeln. Solche Netzwerke können insbesondere dem deutschen Mittelstand im internationalen Wettbewerb einen Vorteil verschaffen.

Das letzte Kapitel **Organisation** (Kap. 5) bietet Ihnen Anregungen und Erfahrungen, wie Sie Ihr Unternehmen so gestalten, dass es auch in einer volatilen und schnelllebigen Umwelt besteht. Die geschilderten Hintergründe zur Optimierung **interner Prozesse** (Abschn. 5.1) vermitteln, wie Sie Ihre Unternehmung noch effizienter gestalten und gleichzeitig die Mitarbeiter- und Kundenzufriedenheit steigern können. Im Gegensatz dazu behandelt der Bereich **Personal & Kultur** (Abschn. 5.2) Faktoren, die zwar nicht fest verankert sind, sich aber umso nachhaltiger auf die Motivation und Orientierung in unsicheren Zeiten auswirken. Im Abschnitt **Management** (Abschn. 5.3) erfahren Sie abschließend, welche Formen agilen Arbeitens zu Ihrem Unternehmen passen und wie Sie eine gemeinsame Vision für das Unternehmen schaffen und diese durch Teilziele erreichen können.

2

Strategie – Die Digitalisierung effektiv nutzen

> **Was Sie aus diesem Kapitel mitnehmen**
> - Wie Sie eine strategische Analyse über den Status-Quo Ihres Unternehmens und die Potenziale der Digitalisierung anfertigen.
> - Wie Sie die Ziele Ihrer Digitalisierungsstrategie erarbeiten und das Erreichen dieser planen.
> - Wie Sie Ihre Digitalisierungsstrategie erfolgreich umsetzen und kontrollieren können.

Ein essenzieller Faktor für den Erfolg eines Unternehmens ist die Unternehmensstrategie. Die Grenzen des Begriffs sind dabei über die Jahre hinweg etwas verschwommen, wodurch es eine Vielzahl unterschiedlicher Perspektiven gibt. Für das weitere Vorgehen wird Strategie als langfristige Planung, mit der ein Unternehmen seine Ziele und deren Erreichung definiert, angesehen. Die Strategie beinhaltet die wichtigsten Überlegungen zu allen Themen wirtschaftlichen Handelns und ist darauf ausgerichtet das Unternehmen in eine gewünschte Situation – also einen „Soll-Zustand" – überführen. Wie diese Situation aussieht, ist eng mit den spezifischen Zielen des Unternehmens verknüpft.

Weiterhin ist festzuhalten, dass die Strategie alle relevanten Unternehmensbereiche, wie beispielsweise den Vertrieb, die Produktion und das Personalmanagement, beinhaltet. Es ist daher möglich, spezifische Teilbereiche genauer zu betrachten, ihre Rolle für die Erreichung von gesteckten Zielen zu bewerten und demnach anzupassen. Neben diesen Unternehmensbereichen gibt es zusätzlich diverse Querschnittsthemen, die aufgrund ihres Einflusses eine gesonderte Rolle einnehmen. Die Digitalisierung stellt ein solches Querschnittsthema dar. Aufgrund der fortgeschrittenen Möglichkeiten und Anforderungen hat die Digitalisierung das Potenzial, jeden Teilbereich der Strategie zu beeinflussen, weshalb Überlegungen zu einer konsistenten Digitalisierungsstrategie in der heutigen Zeit immer wichtiger werden. Eine solche Digitalisierungsstrategie sollte dabei so verstanden werden, dass sie beinhaltet, wie digitale Hilfsmittel und Anpassungen genutzt werden sollten, um das Unternehmen zu verbessern und die gesamte Zielerreichung zu unterstützen. Als Querschnittsstrategie überlagert sie die Unternehmensstrategie und deren Teilaspekte. Um solche Verbesserungen identifizieren und angehen zu können, bietet sich ein strukturiertes Vorgehen an, das wir Ihnen in diesem Kapitel zur Verfügung stellen wollen. Abb. 2.1 zeigt drei Phasen, die Sie für Ihre strategische Entwicklung nutzen können.

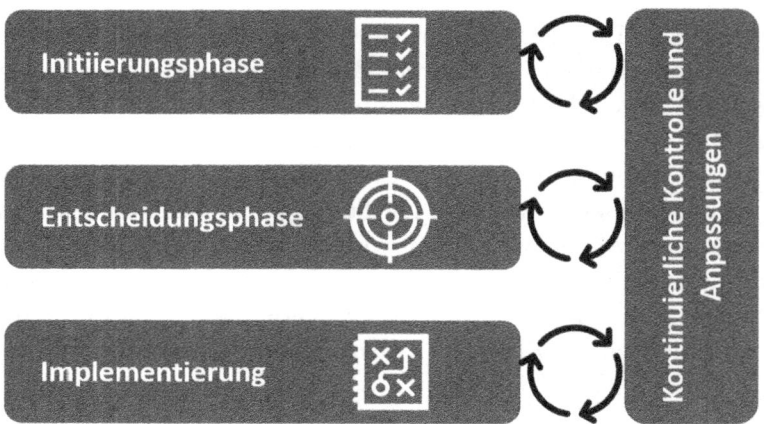

Abb. 2.1 Die Phasen des Strategieprozesses

Am Anfang des Strategieentwicklungsprozesses steht die Initiierungsphase, die eine umfassende Analyse des Status quo der Prozesse im Unternehmen beinhaltet. Auf Basis dieser Analyse werden in der Entscheidungsphase Maßnahmen und Ziele abgeleitet. In der Implementierungsphase soll die Umsetzung geplant und angestoßen werden. Die kontinuierliche Kontrolle verläuft entlang dieser Phasen und begleitet diese kontinuierlich. Aufgrund des unaufhaltbaren Wandels und der Entwicklung weiterer Technologien, ist es wichtig die Strategieentwicklung nicht als etwas in sich Abgeschlossenes zu verstehen, sondern als einen stetigen Prozess mit sich ändernden Grundlagen und Zielen. Daher geht die Kontrolle auch mit stetigen Anpassungen einher, um ein zielgerichtetes Vorgehen zu sichern. Zudem ist festzuhalten, dass Sie dieses Framework in der Art und Weise, wie wir es Ihnen nahebringen, als Grundlage für jedes weitere Kapitel dieses Quick Guide ansehen können. Haben Sie die Logik daher im Hinterkopf, wenn die Ergebnisse unserer Studien erläutert werden.

2.1 Initiierungsphase – Die Relevanz strategischer Grundlagen

> **In diesem Abschnitt erfahren Sie**
> - wie Sie die richtige Denkweise zur Digitalisierung einnehmen,
> - wie Sie die Grundlage für eine erfolgreiche Strategieentwicklung legen,
> - Sie Ihr Unternehmen strukturiert nach allen relevanten Aspekten analysieren
> - wie Sie sich eine Übersicht über Ihre Unternehmensumwelt verschaffen.

Die Digitalisierung in mittelständischen Unternehmen umfasst mehr als die Einführung eines IT-Systems, das einen Prozess digitalisiert. Um Digitalisierung gewinnbringend und nicht als reinen Selbstzweck umzusetzen, benötigt es eine umfassende und langfristig angelegte Digitalisierungsstrategie, was im Verlauf unserer Studien mehrfach bestätigt wurde. Gerade aufgrund ihrer Relevanz für alle Geschäftsbereiche sollten Sie bei jeglichen strategischen Planungsmaßnahmen die Digitalisierung im Kopf behalten. Ein zentraler Erfolgsfaktor besteht darin, die Stärken und Kernkompetenzen des eigenen Unternehmens zur Geltung zu bringen. Aufgrund der Schnelllebigkeit der digitalen Welt kann es dabei schwierig sein, jede einzelne Technologie und Veränderung im Auge zu behalten. Es entstehen immer neue Aspekte, die für ein Unternehmen potenziell wertvoll oder gewinnbringend sein können. Das hat zur Folge, dass klare Entscheidungen bezüglich der, für Ihr Unternehmen umzusetzenden, Maßnahmen unerlässlich sind, was bedeutet, dass Sie eine gewählte Strategie zwar regelmäßig hinterfragen sollten, jedoch nicht leichtfertig von ihr abweichen sollten. Außerdem zeigte sich in unseren Studien, dass gerade die Haltung zur Digitalisierung und zu deren Rolle für das Unternehmen ein entscheidender Faktor ist. Unternehmen, die sich darauf einlassen, dass die Digitalisierung Veränderung mit sich bringt und diese willkommen heißen, schaffen es, sie für sich zu nutzen.

Ihre Digitalisierungsstrategie beginnt mit der Initiierungsphase. Bevor man sich für fortgeschrittene Maßnahmen hin zur Smart Factory oder der Implementierung eines Chatbots entscheidet, gilt es einige Grundlagen zu legen. Zu diesen zählt die Haltung zur Digitalisierung und zu dem Mindset, mit dem diese einhergeht. Dieser Aspekt ist stark mit den Angestellten im Unternehmen und ihrer Reaktion auf Veränderungen verbunden und ebenso mit Ressourcen und Verantwortlichkeiten, die Ihnen zugewiesen werden. Kernstück der Initiierung ist anschließend die strukturierte Analyse des Status quo. Um zu wissen, wohin es gehen soll und wie man dorthin kommt, ist es wichtig zu wissen, wo man sich derzeit befindet.

Bevor die Analyse der Unternehmenssituation als Ausgangspunkt für strategische Planung thematisiert wird, sind zuvor **grundlegende Aspekte** zu klären. Infolgedessen, dass die Digitalisierung jeden Geschäftsbereich beeinflusst, ist sie auch eng mit der Organisationsentwicklung verflochten. Ganzheitliche Digitalisierung bedeutet auch die Organisationsentwicklung zu betrachten. **Klare Verantwortlichkeiten und Ressourcen** sollten definiert werden, um dem Thema die Gewichtung zu geben, die es benötigt. Hierbei konnte bei Unternehmen in unseren Studien die Schaffung einer eigenen Position für das Thema Digitalisierung als Erfolgsfaktor identifiziert werden. So hat beispielsweise ein Produzent von Industrierobotern ausschließlich zum Zweck der Digitalisierung die Position „Innovation und Entwicklung" ins Leben gerufen. Diese Position betrachtet Digitalisierungsprozesse auf Unternehmensebene und ist maßgeblich dem Thema der Organisationsentwicklung zugeordnet. Einen ähnlichen Ansatz verfolgte ein Hersteller von Werkstoffen, indem ein zweiter Geschäftsführer eingestellt wurde, der sich der Thematik der Digitalisierung widmet. Auch so wurde das Thema ganzheitlich und strategisch im Unternehmen verankert.

Weiterführend ist es für die strategische Planung zur Digitalisierung wichtig, sich bewusst zu machen, dass die Umsetzung in der Regel mit **anfänglichen Investitionen** verbunden ist. Das Einführen von Systemen, die Implementierung und die Wartungsaufwendungen sind dabei nur die direkt sichtbaren Kostenkategorien. Die im Zuge der ganzheitlichen Ausrichtung des Unternehmens zunächst entstehenden Effizienzverluste in Prozessen oder bei der Einarbeitung von Mitarbeitern in Systeme sind Kosten, die wiederum nicht direkt sichtbar sind. Diese Aufwände müssen Sie von Anfang an einkalkulieren. Im Zuge unserer Studien ist hier ein klarer Erfolgsfaktor sichtbar geworden: Indem sich Unternehmen die Herausforderungen, auch in finanzieller Hinsicht bewusst gemacht haben, waren die Erwartungen klar und es gab weniger Gegenwind zu späteren Zeitpunkten im Prozess. Hierbei hat ein Handelsunternehmen für Befestigungstechnik im Zuge der Digitalisierung festgestellt, dass nachhaltige Investitionen deutlich wichtiger sind als kurzfristig Kosten zu sparen. Kosten werden unter anderem auch durch Fehler in der Umsetzung der Digitalisierung verursacht. Dennoch ist es aus Sicht des Unternehmens notwendig, genau diese Fehler zu begehen, da erst in der Fehleranalyse die Prozesse vollständig verstanden werden. In die Berücksichtigung der Kosten sind demnach auch explizit die Kosten für solche Fehler aufzunehmen. Wenngleich das Begehen der Fehler in diesem Kontext für das Unternehmen von großer Wichtigkeit ist, so sind es vor allem die Analysen und die Lehren, die aus den Fehlern gezogen werden können, die diesen Wert schaffen.

Neben der Berücksichtigung und Sensibilisierung für solche Kosten ist in unseren Studien zudem sichtbar geworden, dass insbesondere die **frühzeitigen Investitionen** in der Umsetzung einer Digitalisierungsstrategie Früchte tragen. So hat beispielsweise ein Unternehmen aus dem Bereich der Messtechnik von Anfang an große Investitionen in Kauf genommen, um einen ganzheitlichen Ansatz zur Digitalisierung mit aller Konsequenz zu verfolgen. Dadurch wurde von Beginn an mit Weitsicht und in ausreichender Dimension geplant, was im späteren Verlauf des Digitalisierungsprozesses große Vorteile offenbarte. Dadurch, dass sich darauf konzentriert wurde, anfänglich die grundlegenden Prozesse anzugehen, konnte das Unternehmen die darauf aufbauenden fortschrittlicheren Prozesse der Digitalisierung im Unternehmen umso leichtgängiger implementieren. Während zu Anfang die Investitionen noch die Effizienzgewinnen überwogen, haben insbesondere die leichtgängige Digitalisierung der Produktions- und Steuerungsprozesse zu einem etwas späteren Zeitpunkt die größten Einsparpotenziale mit sich gebracht. Zu diesem Zeitpunkt waren die Effizienzgewinne sowohl den anfänglichen als auch den laufenden Investitionen weit überlegen.

Beachten Sie also, dass Sie zwar mit der notwendigen unternehmerischen Sorgfalt Kosten abwägen, gleichzeitig aber bereits vor Beginn der Auseinandersetzung mit einer Digitalisierungsstrategie mit dem Anfallen von mitunter erheblichen Investitionskosten rechnen. Das **langfristige Einkalkulieren** von Investitionen und damit verbundenen Kosten zeigt anschaulich, dass der Prozess der Digitalisierung ebenfalls eine langfristige Unternehmung ist, die mit stetigem Bemühen verbunden ist. Insbesondere das zuvor beschriebene Begehen von Fehlern, deren Analyse und das Ziehen von Schlüssen aus den begangenen Fehlern benötigt unternehmerische Ausdauer, der Sie sich ebenfalls von Anfang an bewusst sein sollten. Diese Erkenntnis hatte auch der Geschäftsführer eines von uns befragten Produzenten für Messmaschinen, der dem Prozess der Digitalisierung ein gewisses Maß an Starrsinn als Erfolgsfaktor zuspricht. Es hat sich gezeigt, dass bisweilen Widerstände überwunden werden müssen, weshalb Beharrlichkeit notwendig ist. Solche Widerstände können im Prozess entstehen, wenn einzelne Maßnahmen für sich genommen als nicht effizient angesehen werden und damit zunächst als Verschlechterung betrachtet werden. So wurde trotz mehrmaligen Widerstandes die vollständige Digitalisierung des Kundenmanagements vorgenommen, da schnell festgestellt wurde, dass der zwischenzeitliche Abbruch mit hohen und andauernden operativen Aufwänden verbunden gewesen wäre und das Ergebnis eine klare Verbesserung darstellte.

Nachdem Sie die Grundlagen gelegt haben, ist es an der Zeit, als Ausgangspunkt der Digitalisierungsstrategie die **Analyse der Unternehmenssituation** vorzunehmen. Hierbei steht das Thema Digitalisierung vorerst noch im Hintergrund; hat also zu Anfang noch keine konkrete Bewandtnis. Bevor erfolgsstiftende, ganzheitliche Digitalisierungsprozesse in die Umsetzung gebracht werden können, müssen als Grundlage Prozesse und das Unternehmen selbst analysiert werden. Dieser Schritt ist zur Vorbereitung auf die bevorstehenden Veränderungen von hoher Wichtigkeit. Hierbei ist es essenziell, die im Unternehmen vorhandenen Prozesse und das Unternehmensumfeld vollständig zu erfassen und zu analysieren. Schon diese Aufgabe stellt sich als herausfordernd dar. In unseren Studien wird hier häufig die Zusammenarbeit mit mehreren Teams in Workshop-Form als zielführend herausgestellt, da auf diese Weise Anforderungen, Prozessschritte und weitere relevante Aspekte schnell und umfassend aufgenommen werden können. Eine detaillierte Anleitung und die in unseren Studien als erfolgreich identifizierten Ansätze zur Aufnahme, Analyse und Optimierung von Prozessen, finden Sie in Abschn. 5.1 Interne Prozesse. Wenngleich sich unser Ansatz als erfolgsversprechend erwiesen hat, gibt es eine Vielzahl von Herangehensweisen, um Prozesse im Unternehmen und die unternehmerische Umwelt aufzunehmen oder zu erfassen.

Grundsätzlich lassen sich bei einer derartigen Analyse zwei Sichten unterscheiden, die interne und die externe Perspektive, welche in Abb. 2.2 veranschaulicht werden.

Auf unternehmensinterner Ebene sind die zwei Aspekte der **Kompetenzen und Ziele** bei der Analyse besonders relevant. Erkenntnisse zu Kompetenzen und Stärken des eigenen Unternehmens helfen Ihnen zu verstehen, welche Faktoren und Prozesse gut funktionieren

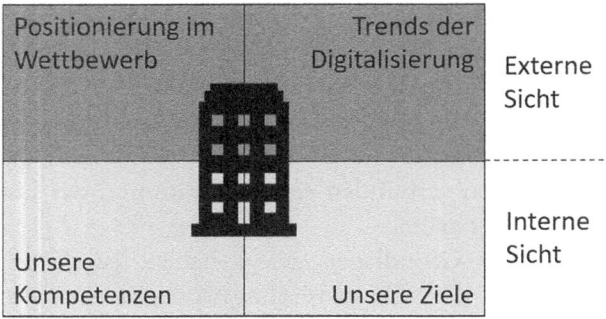

Abb. 2.2 Aspekte zur Analyse des eigenen Unternehmens

und nach außen hin auch so wirken. Eine Stärke kann zum einen objektiv vorliegen durch einen Prozess, der effizient abläuft und genau das gewünschte Ergebnis liefert. Ebenso kann eine Stärke sich aber auch in der subjektiven Wahrnehmung bei den Kunden zeigen. Kunden oder Partner können beispielsweise die Unternehmenskommunikation als sehr positiv wahrnehmen, auch wenn diese Prozesse aus interner Sicht nicht die effizientesten sind. Es bietet sich daher an, dass Sie im Zuge dieser Analyseschritte nicht nur die eine Perspektive einnehmen, sondern am besten ebenfalls mit Mitarbeitern, Partnern oder Kunden reden, um weitere Meinungen einzuholen. Unterstützen können Sie die Analyse solcher Kompetenzen durch zu beendende Aussagen wie „Im Vergleich zu unseren Wettbewerbern sollten sich Kunden für uns entscheiden, weil…" oder „Eine Kernkompetenz, die man nicht einkaufen kann, ist…". Bei der Analyse sollten Sie jedoch ebenfalls prüfen, wo bestehende Ineffizienzen vorhanden sind oder welche Stärken in Ihrem Unternehmen ausbaubar sind. Dafür ist wieder der Einbezug von Mitarbeitern, Partnern oder Kunden hilfreich. Zudem ist es wichtig zu evaluieren, inwiefern diese zur Erreichung der Unternehmensziele genutzt werden. Die Ziele und die Vision des Unternehmens, die vom Management vorgegeben werden, sollten durch Maßnahmen und durch vorhandene Kompetenzen auf der operativen Ebene umgesetzt werden.

Durch Einnehmen der externen Sicht betrachten Sie das Unternehmen und seine Position am Markt. Hierbei sind die **Positionierung**

im Wettbewerb und die Trends der Digitalisierung zwei wichtige Aspekte. Die Situation am und der Vergleich im Markt sind wichtig, um wettbewerbsfähig zu bleiben und neu aufkommende Kundenanforderungen im Blick zu haben. Gleiches trifft auf den zweiten Aspekt der externen Sicht zu, die Trends der Digitalisierung. Lediglich das eigene Marktumfeld zu betrachten, würde bedeuten, niemals das erste Unternehmen im Wettbewerb zu sein, das neue Technologien einsetzt. Es ist ebenso wichtig, über generelle Möglichkeiten der Digitalisierung auch branchenübergreifend informiert zu bleiben und diese auf Eignung für das Unternehmen zu prüfen. Häufig stellten sich während unserer Studien diejenigen Unternehmen als erfolgreich heraus, die frühzeitig digitale Maßnahmen ergreifen und ein hohes Bewusstsein für neue Technologien haben [...]. Um diese Übersicht zu erlangen, können Sie verwandte Märkte betrachten oder beispielsweise Trendstudien, Expertenbeiträge sowie Fachliteratur nach Schlagworten sichten. Ein weiteres Werkzeug kann die Sichtung von Statistiken einschlägiger Suchmaschinen sein, um damit zu erfahren, welche Schlagworte vermehrt gesucht werden. Solche Daten sind meist zugänglich und auch hier kann direkt nach relevanten Trends gesucht werden.

Nachdem Sie die Ausgangssituation und den Status quo hinsichtlich der Digitalisierung erfasst haben und die Weichen zur ganzheitlichen Verfolgung des Themas gestellt sind, stellt im Folgenden die Strategieentwicklung und die Zielsetzung den Fokus der Betrachtungen dar.

> Der erste Schritt zu einer Digitalisierungsstrategie ist häufig der schwierigste. Dadurch, dass Sie sich der Tragweite und Relevanz der Digitalisierung bewusst sind und sich dieser nicht verschließen, sind bereits gute Grundlagen gelegt. Das eigene Unternehmen kritisch zu betrachten und Verbesserungspotenziale zu erkennen, ist ein wichtiger Prozess, der im Tagesgeschäft oft untergeht. Eine gute Analyse ist die Grundlage guter strategischer Überlegungen. Wenn Sie genau wissen, wo sich Ihr Unternehmen befindet, können Sie umso besser identifizieren, wohin Sie wollen und wie Sie dorthin kommen. Es ist aber auch wichtig, nicht nur die Risiken zu analysieren. Durch die Digitalisierung lassen sich nicht nur Probleme beheben, sondern auch Stärken hervorheben. Behalten Sie daher auch diese Stärken für die nächsten Phasen im Kopf.

2.2 Entscheidungsphase – Erarbeiten konkreter Ziele und Maßnahmen

> **In diesem Abschnitt lernen Sie**
> - wie Sie aus Digitalisierungsvorhaben konkrete Umsetzungspläne ableiten,
> - wie Sie eine Digitalisierungsinitiative im Unternehmen verankern können,
> - wie Sie zwischen mehreren Optionen bei einer Digitalisierungsinitiative entscheiden können,
> - wieso Mitarbeiter von Anfang an bei Ihren Entscheidungen mitgenommen und berücksichtigt werden sollen und
> - wie Ihre Digitalisierungsstrategie durch den Einbezug der Mitarbeiter profitiert.

Auf Grundlage der angefertigten Analyse und dem Erfassen des Status quo können im nächsten Schritt Maßnahmen und Ziele für die Nutzung digitaler Potenziale definiert werden. Die Entwicklung der Strategie ist von Unternehmen zu Unternehmen unterschiedlich und sollte die unternehmensspezifischen Visionen beinhalten. Um diese individuelle Strategieentwicklung zu vereinfachen, werden Ihnen daher einige Leitfragen gegeben, an denen sich diese orientieren kann. Zudem sind die Schritte Prozessgestaltung, Zielerarbeitung, Mitarbeitereinbezug und Priorisierung die Fokuspunkte des Abschnitts.

Für das Erarbeiten von strategischen Digitalisierungsmaßnahmen ist es notwendig zu identifizieren, wie sie entstehen können. Generell kann festgehalten werden, dass Impulse aus zwei Wirkrichtungen kommen können. Diese Wirkrichtungen werden im Management häufig als **Top-down** und **Bottom-up** bezeichnet. Sie unterscheiden sich darin, ob Impulse und Maßnahmen von der Unternehmensführung vorgegeben und angestoßen werden oder ob sie von den Mitarbeitern getrieben sind.

Bei der Top-down-Planung können die Unternehmensziele als Ausgangslage dieser Maßnahmen gesehen werden. Um die Ziele strukturiert angehen zu können, ist es ratsam sie in kleinere Teilziele zu untergliedern, um konkrete Probleme und Ansatzpunkte zu erhalten.

2 Strategie – Die Digitalisierung effektiv nutzen

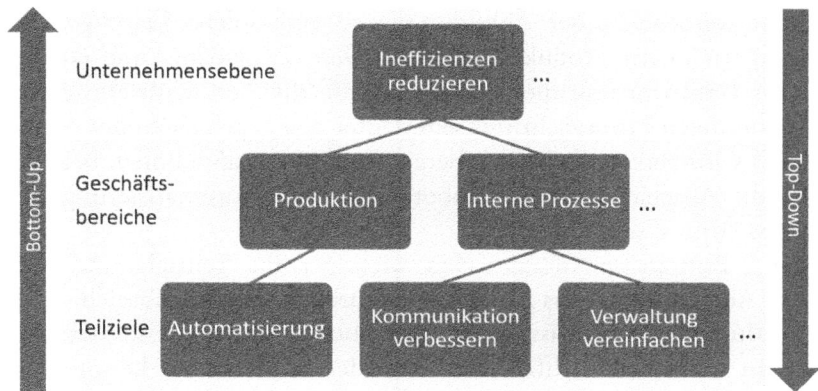

Abb. 2.3 Planung durch Setzen von Zielen

Exemplarisch ist in Abb. 2.3 das Vorgehen für das Unternehmensziel „Ineffizienzen vermeiden" dargestellt, das ein konkretes Beispiel aus unseren Studien beschreibt. Hierbei ist anzumerken, dass das Vermeiden von Ineffizienzen zwar ein häufiges Ziel darstellt, das durch Digitalisierungsunterfangen verfolgt wird, hierbei jedoch meist Gesamtzusammenhänge und der Blick fürs „große Ganze" außer Acht gelassen werden. Es sei angemerkt, dass die Digitalisierung weitaus umfangreichere Potenziale erschließen kann und neben der „Vermeidung von Ineffizienzen" auch die „vollständige Neuausrichtung des Geschäftsmodells" als Ziel haben kann.

Das Gesamtziel „Ineffizienzen reduzieren" ist als solches nur schwer greifbar und kann nur bedingt konkretisiert werden. Da es eine Vielzahl an Möglichkeiten gibt, dieses anzugehen, ist es in dieser umfassenden Form keine gute Ausgangsposition, um erfolgsversprechende Maßnahmen zu formulieren. Als Ansatzpunkt bietet sich jedoch eine Visualisierung an, durch die es möglich ist, sich vor Augen zu führen, welche Faktoren die jeweiligen Ziele beeinflussen. Auf diese Weise wird die strategische Planung deutlich vereinfacht. Es bietet sich ebenfalls an, das Ziel auf die verschiedenen Unternehmensbereiche, oder auch die einzelnen Kapitel dieses Quick Guide, zu beziehen. Dadurch können Sie Fragestellungen formulieren, die durch Teilziele besser greifbar werden. In der Abbildung wäre eine solche Leitfrage „Wie können wir in der Produktion Ineffizienzen vermeiden?" und ein Teilziel zur Beantwortung dieser Frage könnte die Automatisierung eines ganz konkreten Prozessschrittes sein. Unter den Ergebnissen der Analyse können selbstverständlich auch bereits konkrete Maßnahmen, beispielsweise die Anschaffung eines Roboterarmes zur Automatisierung eines Prozessschrittes, sein.

Beim Bottom-up-Ansatz ist es wichtiger die Teilziele und möglichen Ansatzpunkte aus Sicht der Mitarbeiter miteinzubeziehen und diese durch die Anpassungen der übergreifenden Unternehmensziele zu erreichen. Mitarbeiter aus der Verwaltung könnten bei einer Befragung beispielsweise anbringen, dass sie zu viel Zeit mit redundanten Prozessen verbringen. Daraus würde sich gemäß des Bottom-up-Ansatzes das Ziel der Prozessoptimierung als übergreifendes Unternehmensziel ableiten. Durch Maßnahmen wie beispielsweise Fokusgruppen, Befragungen oder Feedback-Möglichkeiten können Vorschläge von Mitarbeitern gesammelt und in die Planung integriert werden. Besonders das direkte Wissen der Mitarbeiter zu Prozessen ist eine wichtige Ressource. Außerdem kann es sehr vorteilhaft sein, bei der Sammlung von Potenzialen eine Vielzahl unterschiedlicher Perspektiven einzubeziehen.

Eine wichtige Ressource für die Strategieentwicklung bildet schließlich das im Unternehmen vorhandene Wissen. Der Entwicklungsprozess sollte so gestaltet sein, dass dieses Wissen effizient genutzt werden kann. Die Zusammenstellung des Teams ist daher ein wichtiger Aspekt, den Sie beachten sollten. Grundsätzlich kann festgehalten werden, dass es bei Problemen, die sehr spezifische Lösungen brauchen, hilfreich sein kann, gezielt Mitarbeiter mit den benötigten Kompetenzen und der Einsicht in die spezifischen Prozesse einzubeziehen. Bei offeneren Problemen oder generellen Sammlungen von möglichen Ansätzen ist das Einbeziehen von verschiedenen Mitarbeitern unterschiedlicher Abteilungen und Bereiche sinnvoll, um eine Vielzahl von Perspektiven zu integrieren.

Um die beiden Sichten des Top-down und Bottom-up zusammenzubringen, stellen sich in unseren Studien **integrative Prozesse** als sehr erfolgsversprechend heraus. Statt einer verpflichtenden Vorgabe von oben zeigt sich in unseren Studien des Öfteren, dass Digitalisierungsinitiativen grundsätzlich Impulse von allen Hierarchieebenen aufnehmen sollten, um erfolgreich zu sein. Integrative Prozesse in der Strategieentwicklung vereinen diese Impulse durch Zielvorgaben und Management auf der einen und das Einbringen von spezifischem Wissen und neuen Perspektiven auf der anderen Seite. Zusätzlich kann durch solche Prozesse und das Einbeziehen von Mitarbeitern die Unternehmenskultur positiv beeinflusst werden und ein Klima der Inklusion geschaffen werden. Das Einbeziehen aller Unternehmensebenen kann vorteilhaft sein, jedoch sollte es Hand in Hand mit den Planungen der Unternehmensführung gehen. Die Aufgabe des Managements ist es daher, einen effizienten Weg zu finden, um das Wissen der Mitarbeiter zu nutzen und es in eine konsistente Strategie zur Erreichung der Unternehmensziele zu integrieren. Als weiterer positiver Effekt ist die Akzeptanz bei den Mitarbeitern, die digitale Maßnahmen am Ende maßgeblich umsetzen müssen, größer, wenn sie an der Erarbeitung beteiligt waren und dies auch erkennen. In dieser Form haben integrative Prozesse das Potenzial, Top-down- und Bottom-up-Impulse vorteilhaft zusammenzubringen.

Als erfolgreiches Beispiel im Rahmen unserer durchgeführten Studien hat sich ein produzierendes Unternehmen aus der Metallverarbeitung besonders hervorgetan, welches einige Mechanismen nutzt, um die Digitalisierungsprozesse integrativer zu gestalten. Um Vorschläge zu sammeln und Mitarbeiter stärker einzubinden, entschied sich die Geschäftsführung dazu, eine Digitalisierungsgruppe zu gründen. In dieser Gruppe können sich Mitarbeiter themenspezifisch zusammenfinden und organisieren. Mitarbeiter, die motiviert sind für das Unternehmen digitale Lösungen zu erarbeiten und Vorschläge zu machen, sind somit in der Lage sich konstruktiv einzubringen. Ein Fokus bei der Auswahl der Teilnehmer lag zudem darauf, begeisterungsfähige Mitarbeiter zu aktivieren, die das Thema Digitalisierung in das Unternehmen tragen. Hierbei hebt der Geschäftsführer hervor, dass diese Gruppe lediglich mit Mitarbeitern zielführend ist, die Interesse haben und auch tatsächlich teilnehmen wollen. Die Teilnahme an der Gruppe sollte von den Mitarbeitern nicht als Last empfunden, sondern es sollte als positiv und würdigend wahrgenommen werden, dass sie ihre

Expertise und Kreativität einbringen können (siehe auch Abschn. 5.2 Personalmanagement und Unternehmenskultur). Um diese Motivation zu gewährleisten, hat man sich dafür entschieden, einen Bewerbungsprozess für die Besetzung der Gruppe zu etablieren. Weiterhin führen verschiedene Anreize dazu, dass Mitarbeiter sich involvieren. Der erste offensichtliche Anreiz für die Teilnahme der Mitarbeiter an der Digitalisierungsgruppe ist die Verbesserung ihrer eigenen Arbeit. Häufig sind die Mitarbeiter diejenigen, die strategische Maßnahmen tatsächlich umsetzen müssen und sie haben häufig die beste direkte Erfahrung mit den Arbeitsschritten, die digitaler gestaltet werden sollen (siehe auch Abschn. 5.1 Interne Prozesse). Diese Erfahrung befähigt sie, Ineffizienzen und Probleme bei der Ausführung von Prozessen zu erkennen. Wenn digitale Maßnahmen genutzt werden können, um die Arbeit der Mitarbeiter zu verbessern, haben sie eine hohe eigene Motivation bei der Lösungsfindung zu helfen und ihr Wissen einzubringen. Für die Strategie ist natürlich darauf zu achten, dass Vorschläge genutzt werden, die weitreichende Verbesserungen ermöglichen und nicht nur einzelne Arbeitsschritte vereinfachen. Eine weitere Möglichkeit, Mitarbeiter zur Teilnahme zu bewegen, ist finanzieller Natur. Mitarbeiter können Vorschläge für Digitalisierungsmaßnahmen machen und erhalten bei erfolgreicher Implementierung einen finanziellen Bonus. Es sollte jedoch darauf geachtet werden, dass solche Anreizsysteme klar und verständlich kommuniziert werden, damit Mitarbeiter sich nicht unfair behandelt fühlen.

Der große Vorteil der erklärten Prozesse für die Strategieentwicklung ist die Integration des Wissens weiterer Teilnehmer. Die im vorherigen Abschnitt genannten Beispiele zeigen also, wie Lösungen im Unternehmen selbst erarbeitet werden können. Allerdings gibt es auch Möglichkeiten, bestehende **Digitalisierungsansätze im Wettbewerb** und Know-how zu adaptieren. Ein Produzent für Fertigungsanlagen erwähnte dabei Kundengespräche als gute Quelle für Informationen. In solchen Gesprächen wurde darauf hingewiesen, dass die Konkurrenz bereits über eine Plattform für die Bearbeitung von Kundenanfragen verfügt. Daraufhin wurde sich dafür entschieden, eine ähnliche Plattform zu entwickeln um nicht den Anschluss zum Wettbewerb zu verlieren. Ansätze, die auf diese Art und Weise identifiziert werden, haben den Vorteil bereits erprobt und von Kunden akzeptiert zu sein. Daher ist das Risiko der Implementierung generell niedriger. Digitalisierungsmaßnahmen aus anderen Unternehmen zu übernehmen und im eigenen einzusetzen, ist mit sehr viel weniger Aufwand verbunden als eigene maßgeschneiderte Lösungen zu entwickeln. Ein tatsächlicher Vorteil gegenüber dem Markt kann hierbei jedoch nur erzielt werden, wenn sie besser eingesetzt oder den Kunden besser kommuniziert werden. Worauf zusätzlich geachtet werden muss, ist die Eignung der Lösungen für bestehende Prozesse und Probleme. Für das Entwickeln von Zielen der Digitalisierungsstrategie ist es dennoch sehr ratsam, sich über Geschehnisse im Markt und bei den Wettbewerbern im Klaren zu sein. Da die Strategie in Relation zum Markt formuliert wird und die erfolgreiche Positionierung des Unternehmens ein wichtiger Bestandteil ist, ist es notwendig zu wissen, was der Wettbewerb macht. Die Strategie kann dementsprechend darauf ausgerichtet werden, welche Position das eigene Unternehmen einnehmen am Markt einnehmen soll. In den, von uns befragten Unternehmen, war es häufig die Aufgabe des Managements diese Marktübersicht zu besitzen und in den Prozess einzubringen. Es zeigt sich also auch hier wieder, dass die Verbindung des im Unternehmen verteilten Wissens und der Übersicht des Managements ein großer Erfolgsfaktor für den Mittelstand ist.

Für die strategische Planung ist darüber hinaus die **Priorisierung** der Ansätze wichtig. Erfahrungsgemäß werden Sie mehrere Ansatzpunkte für die Digitalisierung identifizieren können. Daher ist es unerlässlich zu bestimmen, ob die Erreichung bestimmter Ziele wichtiger ist als die von anderen. Hierbei können Sie die zwei Faktoren des erwarteten Nutzens und Aufwands zur Bewertung heranziehen. Wie eine Priorisierung von Maßnahmen grafisch aufgearbeitet aussehen kann, zeigt Abb. 2.4.

Es bietet sich bei solchen Bewertungen an, einen Ankerpunkt zu definieren. Wählen Sie dafür eine Maßnahme aus, bei der Aufwand und Nutzen verhältnismäßig gut abzuschätzen sind. Als nächstes bewerten Sie die Alternativen im Vergleich zu diesem Ankerpunkt. Eine Visualisierung kann bei Priorisierungen ebenfalls sinnvoll sein und, wie hier gezeigt, eignen sich dafür Portfolio-Darstellungen gut. Die tatsächliche Auswahl kann nachgelagert und auf unterschiedliche

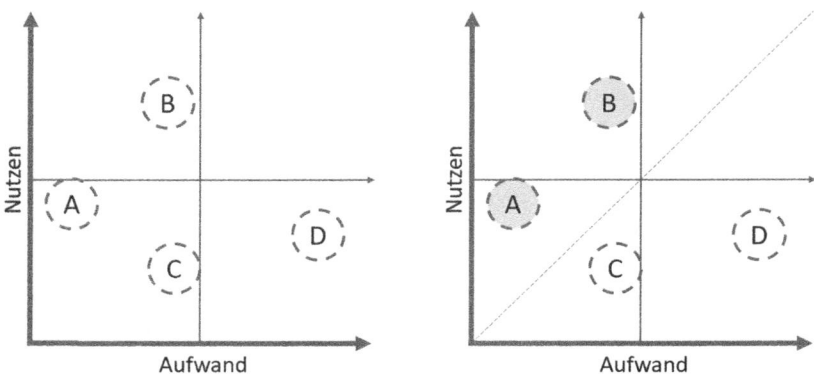

Abb. 2.4 Grafische Priorisierung von Handlungsoptionen

Weisen getroffen werden. Auf der rechten Grafik in der Abbildung wurde dafür eine Hilfslinie eingezeichnet, die diagonal verläuft. Diese deutet einen Schwellenwert zwischen den beiden Dimensionen an und kann als Bewertungskriterium verwendet werden. In der Grafik wären bei dieser Bewertung Option B und D als gut bewertet worden. Bei solchen Überlegungen spielen jedoch eine Vielzahl von Faktoren eine Rolle und die finale Auswahl sollte nach individuellen Zielen getätigt werden. In einer unserer Studien brachte es der Geschäftsführer eines Unternehmens auf den Punkt: Er merkte an, dass man Projekte benötigt, in die Sie und Ihre Mitarbeiter sich verlieben können und die keine „Raketenwissenschaft" sind. Die Ziele und Maßnahmen müssen schlussendlich zu Ihrem Unternehmen passen und daher sollte die Auswahl auch individualisiert stattfinden.

> Die **Priorisierung von Handlungsoptionen** müssen Sie nicht zwangsläufig an objektiven Kriterien aufhängen. Auch **subjektive Bewertungskriterien** können Sie zur Priorisierung nutzen. Beziehen Sie neben Kosten-Nutzen-Überlegungen auch weiche Faktoren wie Mitarbeiterzufriedenheit in die Überlegungen ein. Ansätze, die den Mitarbeitern beispielsweise die Arbeit erleichtern, indem **unliebsame Prozesse optimiert** werden, führen zu einer **gesteigerten Motivation** und mehr Engagement in der Umsetzung des Ansatzes.

2.3 Implementierungsphase und Kontrolle – Umsetzungsplanung und Kontrolle Ihrer digitalen Transformation

> **In diesem Abschnitt erfahren Sie**
> - wie Sie eine Roadmap zur Erreichung ihrer strategischen Ziele erstellen,
> - wie Sie die Strategie schrittweise angehen und ein homogenes Wachstum anstreben,
> - dass die kontinuierliche Kontrolle ein wichtiger Aspekt des gesamten Prozesses ist,
> - wie Sie aus gemachten Schritten für die Zukunft lernen.

Nachdem wir uns in den vorherigen Abschnitten mit der Analyse des Status quo und der Zielsetzung der Digitalisierung beschäftigt haben, liegt in diesem Abschnitt der Fokus darauf, wie Sie die gesteckten Ziele erreichen und kontrollieren.

Um die Umsetzung der Digitalisierungsstrategie strukturiert angehen zu können, ist es wichtig, als Unternehmen einen Handlungsplan zu erstellen, welcher im Allgemeinen auch als Roadmap bezeichnet wird. Eine solche Roadmap schafft ein einheitliches Verständnis über den geplanten Weg zur Erreichung der Unternehmensziele. Hauptteil dieser Roadmap sind demnach die Ergebnisse des vorherigen Abschnitts. Als Ergebnis muss hierbei nicht zwangsläufig ein umfangreiches Strategiepapier entstehen. Wichtig ist vor allem, dass die geplante Umsetzung sowie alle damit verbundenen Konsequenzen im Unternehmen und bei allen Beteiligten klar verstanden werden. Dieses Verständnis soll ebenfalls dazu dienen, dass Veränderungsmaßnahmen auf möglichst wenig Widerstand stoßen und generell eine Akzeptanz für Digitalisierungsmaßnahmen geschaffen wird. Außerdem bietet sich Ihnen die Möglichkeit, Ihren Mitarbeitern klar aufzuzeigen, in welche Richtung sich das Unternehmen entwickeln soll und welche Rolle Sie in dieser Entwicklung einnehmen. Wenn Sie in der Erarbeitung der Ziele und Lösungen integrative Prozesse eingesetzt haben, können Sie Mitarbeitern auch direkt aufzeigen, wie die gemeinsame Vision des Unternehmens entstanden ist und so ein Gemeinschaftsgefühl erzeugen.

	Quartal 1	Quartal 2	Quartal 3	Quartal 4
Teilziel A	Schritt A.1	◆	Schritt A.2	Schritt A.3
Teilziel B		Schritt B.2		
	Schritt B.1			

Abb. 2.5 Beispielhafte Roadmap einer Digitalisierungsumsetzung

Die priorisierten Ziele und die Maßnahmen zur Zielerreichung werden für die **Roadmap** in eine zeitliche Reihenfolge gebracht. Solche Roadmaps lassen sich im Folgenden gut visuell ausarbeiten, wie Sie in Abb. 2.5 erkennen können.

Ein guter Startpunkt für die Erstellung der konkreten Roadmap ist es, die priorisierten Teilziele zu analysieren. Versuchen Sie jeweils eine **zeitliche Einordnung** dahingehend vorzunehmen, ob Sie eine kurz-, mittel- oder langfristige Umsetzung anstreben. Danach formulieren Sie Maßnahmen, die ergriffen werden müssen, um diese Teilziele zu erreichen. In dem in der Abb. 2.5 gezeigten Beispiel setzt sich das Teilziel A aus drei Maßnahmen zusammen, wobei Maßnahme B erst nach Abschluss von Maßnahme A beginnen kann und Maßnahme C später beginnt, sodass die Zielerreichung zum Ende des vierten Quartals terminiert werden kann. Es sind neben diesen Maßnahmen als Prozessschritte ebenfalls punktuelle Events, wie durch die Raute in Quartal 2 angedeutet, in solchen Roadmaps denkbar. Diese können wichtige Ereignisse für die Planung signalisieren, dadurch die Zeitphasen genauer aufteilen und so die Übersichtlichkeit erhöhen. Es empfiehlt sich ebenfalls, auf diese Weise wichtige Meilensteine festzuhalten, wie etwa die Inbetriebnahme einer neuen Software, um Teilschritte aufzuzeigen, auf die hingearbeitet werden kann.

Die Umsetzung der Maßnahmen zur Digitalisierung sollte zudem einen iterativen und kontinuierlichen Prozess darstellen. Im Rahmen unserer Studien werden klare Erfolgsfaktoren sichtbar, die bei aktiver Berücksichtigung in der Umsetzung stetige Verbesserungen mit sich bringen. Einem solchen iterativen Vorgehen steht die eher traditionelle Vorstellung entgegen, es sei zielführend, eine globale, unternehmensweit gültige Strategie von Anfang an zu definieren. Die Idee einer vollumfänglichen Planung des Digitalisierungsvorgehens ist meistens eine Illusion, da die ursprüngliche Planung im Verlauf der Umsetzung mehrfache Änderungen erfährt. Somit ist das anfängliche Einstellen auf einen iterativen Prozess deutlich zielführender.

Ein schrittweiser Prozess dieser Art lässt sich leicht durch die **Definition kleiner Teilziele** erzeugen, die in Summe das zuvor definierte Ziel des Digitalisierungsvorhabens ergeben. Sehr effizient gestaltete es beispielsweise ein Produzent aus der Elektronikbranche, indem viele kleine themenorientierte Ziele definiert wurden, um das eigene Digitalisierungsvorhaben iterativ zu gestalten. Da das Unternehmen schnell und häufig Prototypen erstellen muss, welche bisher aufwendig gefräst oder händisch erstellt wurden, war ein solches Digitalisierungsziel die Anschaffung von zwei 3D-Druckern zur Prototyperstellung. Damit einher ging auch die Digitalisierung der Konstruktionsplanung, da die Modelle zum Betreiben der 3D-Drucker von Anfang an passend und digital erstellt werden. Ein weiteres Ziel des Unternehmens war die Installation von digitalen und interaktiven Anzeigen in Besprechungsräumen, auf denen Mitarbeiter in Echtzeit digital zusammenarbeiten konnten. Durch die Umsetzung vieler derartig kleiner Teilziele, hat das Unternehmen einen iterativen und kontinuierlichen Digitalisierungsprozess ins Leben gerufen, der mit Abschluss des letzten iterativen Teilziels das zu Anfang definierte Gesamt-Digitalisierungsziel des Unternehmens erreicht hat. Die Vorgehensweise von kontinuierlicher Verbesserung ist im Management keineswegs neu, jedoch wurde sie in unseren Studien aufgrund von vielfältigen Vorteilen als erfolgversprechend identifiziert.

Für die Erstellung der Roadmap haben sich während unserer Studien einige Punkte herausgestellt, die Sie beim Festlegen der Reihenfolge beachten sollten. Einer dieser Punkte ist das Anstreben einer **homogenen und kontinuierlichen Entwicklung.** Die Erwartungshaltung an die Umsetzung sollte nicht auf große Erfolgssprünge ausgerichtet sein, sondern auf sinnvolle Maßnahmen, die aus eigener Kraft zu stemmen sind. Dadurch werden kleinere Veränderungen und damit einhergehende Eingewöhnungsphasen ermöglicht, wodurch die Eignung der Maßnahmen reflektiert werden kann. Der Veränderungsprozess soll sich dadurch natürlich anfühlen und nicht wie überstürzter Aktionismus. Unterstützt werden kann dieses Wachstum ebenfalls, wenn Sie motivierte Mitarbeiter als Verantwortliche für neue Themenfelder wie Datensicherheit suchen und zusätzlich schulen (siehe auch Abschn. 5.2 Personalmanagement und Unternehmenskultur).

Ein weiterer wichtiger Faktor, den Sie bedenken sollten, sind etwaige **Abhängigkeiten** der eingeplanten Schritte untereinander. Hier im Beispiel wird angedeutet, dass Maßnahme B nur nach Beenden von Maßnahme A begonnen werden kann. Diese Abhängigkeiten können ebenfalls zwischen den Teilzielen selbst bestehen. Versuchen Sie Digitalisierungsmaßnahmen zu identifizieren, die das Fundament für mehrere Teilziele bilden können und setzen Sie diese als erste um.

Mit der Frage, welchen Abteilungen welche Zielstellungen gegeben werden sollen, haben sich unsere Studien ebenfalls näher befasst. Hier hat es sich gezeigt, dass es vorteilhaft ist, **Multiplikatoren** für sich zu nutzen. Mit Multiplikatoren sind Schlüsselpositionen und Rollen im Unternehmen gemeint, die besonders sichtbar oder gut vernetzt sind. Diese Positionen sollen Digitalisierungsvorhaben konsequent umsetzen und somit das eigene unternehmensinterne Umfeld im Prozess mitnehmen. Dieses Vorgehen schafft breite Akzeptanz an unterschiedlichen Stellen im Unternehmen und sorgt gleichzeitig dafür, dass sich mit fortschreitenden Iterationsschleifen bei der Umsetzung Unternehmensbereiche immer mehr digital ergänzen. Aus individueller Perspektive ist dann die Adaption digitaler Prozesse deutlich vereinfacht und das kontinuierliche, homogene Fortschreiten des Digitalisierungsprozesses wird nicht behindert. Dieser Ansatz enthält zudem gleichzeitig einen Erfolgsfaktor, der bei einem Fachgroßhändler in unseren

Studien sichtbar wurde. Das Unternehmen hat für sich erkannt, dass das abteilungsweise Ausrollen von Digitalisierungslösungen in „Pilotprojekten" eine gute Möglichkeit darstellt, um die Funktionalität eines Ansatzes zu testen und gleichzeitig erste Nachbesserungen vorzunehmen. Sobald ein Ansatz in einer Abteilung weitestgehend erfolgreich und reibungslos funktioniert, kann dieser breiter und abteilungsübergreifend ausgerollt werden.

Ein weiterer Vorteil durch das beschriebene, iterative und abteilungsweise Vorgehen besteht in der **inhaltlichen Anpassung** des Vorgehens nach erfolgreicher Einführung einer initialen Digitalisierungslösung. So kann sich herausstellen, dass die ursprünglich gewählte Reihenfolge der Vorgehensweise nicht die effizienteste ist. Durch das schrittweise Vorgehen besteht die Möglichkeit eine Alternative zu wählen, die sich als geeigneter herausgestellt hat. Ein Beispiel dafür wäre eine erweiternde Digitalisierungsmaßnahme, die auf einer bereits umgesetzte Maßnahme aufbaut. Diese Anpassung in der Vorgehensreihenfolge ist der ursprünglich geplanten Vorgehensweise vorzuziehen.

In unseren Studien hat eine derartige Anpassung bei einem Produzenten für robotische Industrieanlagen stattgefunden. Das Unternehmen hat im Zuge der Digitalisierung ein Produkt-Datenmanagement-System eingeführt. Nachdem das System operativ und funktional im Unternehmen integriert war, wurden die daraus hervorgehenden Daten nicht weiter genutzt. Beim Sichtbarwerden dieses Potenzials an der neu implementierten Lösung anzuknüpfen, hat sich das Unternehmen dazu entschieden, die Daten in einem Folgesystem für das digitale Cross-Selling zu nutzen, woraus ein völlig neuer Geschäftszweig entstand (siehe auch Abschn. 3.2 Vertrieb). In diesem Beispiel war die Einführung des Folgesystems die höher zu priorisierende Option im Vergleich zur ursprünglich vom Unternehmen geplanten Vorgehensweise. Es ist demnach ratsam, nach der Einführung neuer Ansätze zu reflektieren, welche weiteren Möglichkeiten sich ergeben und inwiefern unerwartete Potenziale entstehen.

Für den Erfolg der Umsetzung gesteckter Digitalisierungsziele haben sich demnach einige Grundlagen gezeigt, die es zu beachten gilt. Digitalisierung und ihre Möglichkeiten hat viele Facetten und eröffnet durch ihre Nutzung häufig bis dato unbekannte Potenziale. Idealerweise sollten daher die Maßnahmen aufeinander aufbauen, sich ergänzen und durch Synergien untereinander noch mehr Nutzen erbringen als die Summe der Einzeleffekte. Durch das bereits besprochene schrittweise Einsetzen und Erproben von digitalen Lösungen sollen Lerneffekte genutzt werden, um von kleineren Umsetzungen für größere zu lernen. In unseren Studien wurde dieser Vorgang bei einem Hersteller von Industriepumpen besonders gut sichtbar. Dort wurde mit der Absicht begonnen, die Abhängigkeit von Papier im Büro zu reduzieren. Nach der erfolgreichen Einführung anfänglicher, einzelner digitaler Lösungen wurden diese im Unternehmen weiter ausgerollt. Nach einiger Zeit wurden so viele Teilschritte digitalisiert, dass man sich dazu entschied, ein komplett digitales Warenwirtschaftssystem einzuführen. Die Implementierung eines solchen Systems ist ohne vorherige digitale Maßnahmen sehr aufwendig und bringt eine immense Umstellung mit sich. Da das Unternehmen den Weg dahin mit kleineren Teilschritten ging, wurde die Umstellung niedrigschwelliger und damit auch sehr gut aufgenommen. Da bereits Erfahrung mit digitalen Maßnahmen aus dieser Richtung gesammelt werden konnte, war die Umsetzung ein Erfolg. Dieser Prozess ist ein gutes Beispiel dafür, wie schrittweise Verbesserungen zu homogenem Wachstum führen können. Unterstützt wird dieses Vorgehen zudem von den Ergebnissen unserer Studien, in denen die Bedeutung von homogenem Wachstum von weiteren Unternehmen hervorgehoben wurde. Zusätzlich ist es stets gut, einen bekannten Startpunkt zu haben. Daher empfiehlt es sich auch, neue digitale Maßnahmen in bereits bestehende Prozesse zu integrieren und diese zu erweitern.

Nach einer derartigen erfolgreichen Umsetzung ist es für ein Unternehmen erfahrungsgemäß verlockend, die Geschwindigkeit des Vorgehens zu erhöhen und zeitnah weitere und größere Projekte anzugehen. Wenngleich dieser Grundsatz und die damit verbundene Motivation durchaus positiv zu bewerten sind, ist es wichtig, nach einer erfolgreichen Umsetzung den Ansatz, den Prozess und den Erfolg zu reflektieren. Hierdurch können wichtige Erkenntnisse für das weitere Vorgehen gewonnen werden, da fast kein Prozess völlig reibungslos und fehlerfrei vonstattengeht und selten von Anfang an der passende Ansatz für eine Transformation gewählt wird.

Zur Reflektion des gewählten Ansatzes und des Prozesses empfiehlt es sich, das an der Transformation beteiligte und von der Transformation betroffene Team einzubeziehen. So lassen sich viele unterschiedliche Perspektiven in die Evaluation integrieren und jeder Aspekt des Vorgehens findet Beachtung.

Zur Evaluation des Vorgehens können Sie zahlreiche Methoden anwenden. Grundsätzlich empfiehlt es sich, gemeinsam im Team jeweils konkrete Aspekte zu adressieren, die gut umgesetzt wurden, die schlecht umgesetzt wurden und auch was bei nächsten Digitalisierungsschritten anders gemacht werden könnte, um aufgetretene Probleme zu vermeiden. Diese Fragen können Sie beispielsweise in einer gemeinsamen Teamsitzung individuell aufschreiben lassen und dann in der Runde diskutieren.

Der letzte Aspekt der einleitenden Abb. 2.1 ist die **kontinuierliche Kontrolle.** Bei allen drei Phasen sollten Sie stetig hinterfragen, ob der Prozess effizient und zielgerichtet vonstattengeht. Dabei sollten Sie nach den drei Faktoren der Grundlagen, Ziele und Umsetzung kontrollieren. Bei der **Grundlagenkontrolle** sollten Sie prüfen, ob Sie stets nach den Grundlagen handeln, die Sie zu Beginn des Prozesses definiert haben. Falls Sie sich dafür entschieden haben, ein homogenes Wachstum anzustreben, ist zu erfassen, ob die Planung und Umsetzung dies tatsächlich widerspiegeln, oder ob beispielsweise digitale Leuchtturmprojekte geschaffen werden. **Zielkontrollen** sind damit verbunden, dass Sie regelmäßig reflektieren, ob die gesteckten Ziele und Teilziele dem entsprechen, was Ihr Unternehmen braucht. Wichtig hierbei ist zu evaluieren, ob die Erwartungen durch die Umsetzung der Digitalisierungsstrategie erfüllt werden oder ob Anpassungen bezüglich der Zielsetzungen notwendig sind. Bei der **Umsetzungskontrolle** soll festgestellt werden, ob die geplanten Maßnahmen wie gewünscht ausgeführt werden und ob der zeitlich eingeplante Rahmen voraussichtlich realistisch angesetzt war. Um diese Kontrolle zu erreichen, sollten Sie die Roadmap verwenden. Für die zeitliche Kontrolle ist eine klar definierte Roadmap als Zeitplan nützlich. Durch Abweichungen bei der Durchführung von Maßnahmen zur Erreichung von Meilensteinen können Sie feststellen, ob der Prozess wie anfänglich geplant verläuft. Liegen Abweichungen vor, ist es wichtig zu erörtern, woher diese stammen und welche Auswirkungen sie auf den Rest der Roadmap haben. Je nach Auswirkung kann es notwendig sein, die Reihenfolge der Maßnahmen zu überdenken, etwaige blockierte Maßnahmen hintenanzustellen und andere vorzuziehen.

Für die Unterstützung der kontinuierlichen Kontrolle bietet es sich zudem an, nachvollziehbare Größen heranzuziehen. Definieren Sie für die jeweiligen Maßnahmen und Teilziele gut **messbare Kennzahlen,** durch die sich die entstandenen Veränderungen aufzeigen lassen. Es kann sich hierbei um klassische Kennzahlen wie den Umsatz des Unternehmens handeln. Denkbar sind aber auch andere Bezugsgrößen, wie etwa die benötigte Zeit zur Bearbeitung einer Bestellung oder Anfrage, oder der Durchlaufzeit. Zusätzlich kann es sich anbieten, mit den Mitarbeitern mittels interner Kommunikationsplattformen, Messenger Diensten oder durch persönliche Gespräche zu kommunizieren und in Erfahrung zu bringen, was ihre Meinungen zu ergriffenen Maßnahmen sind. Direkte Meinungen zu diesen Maßnahmen können ebenfalls als Anhaltspunkt dienen, ob eine tatsächliche Verbesserung erreicht wurde. Digitale Möglichkeiten der Kontrolle von Prozessen werden häufig unter dem Begriff der Business Intelligence zusammengefasst. Dabei handelt es sich um das Sammeln und Aufarbeiten von prozessbezogenen Unternehmensdaten. Dadurch, dass Daten aus dem Unternehmen nutzbar gemacht werden, ist es möglich, bessere Entscheidungen zu treffen und Prozesse zu kontrollieren. Erste Ansätze von Business Intelligence, worunter man die systematische Sammlung, Auswertung und Aufbereitung von Unternehmensdaten versteht, können bereits durch niedrigschwellige Maßnahmen und leicht zugängliche Software implementiert werden.

Festzuhalten ist, dass der Prozess der Strategieentwicklung kontinuierlich ist; daher muss auch dessen Kontrolle so gestaltet sein. Stetige Überprüfung der Grundlagen, Ziele und Umsetzung erhöhen die Effizienz des Prozesses und stellen sicher, dass die richtigen Ziele erreicht werden.

> Auch der Schritt der Implementierung braucht einen guten Plan. Durch eine zielführende, kontinuierlich abzugleichende Roadmap können Sie alle Beteiligten auf denselben Wissensstand bringen und dafür sorgen, dass jeder ein Verständnis der zu ergreifenden Maßnahmen hat. Durch das Einbeziehen der Mitarbeiter in die Formulierung der Meilensteine und genutzten Kontrollgrößen können Sie zudem dafür sorgen, dass

die Akzeptanz für die Strategie steigt. Besonders der Begriff Kontrolle kann in der Praxis häufig den Anschein von Überwachung erwecken. Kommunizieren Sie offen mit Mitarbeitern, dass nicht ihre Arbeit, sondern die Prozesse an sich kontrolliert werden sollen. Neben quantifizierbaren Größen bietet es sich daher immer an, auch mit den Personen zu sprechen, die veränderte Prozesse umsetzen, und deren Meinung einzubeziehen.

Ihr Transfer in die Praxis

- Damit Sie erarbeiten können, wo und wie Sie in Ihrem Unternehmen digitalisieren wollen, ist es zu Beginn notwendig, die richtigen Grundlagen für gute Entscheidungen zu schaffen. Analysieren Sie daher am Anfang strukturiert Ihr Unternehmen und die Möglichkeiten, die die Digitalisierung Ihnen eröffnet. Dafür empfehlen wir ihnen, der von uns präsentierten Struktur zu folgen und die vorgestellten Werkzeuge zu verwenden. Denken Sie stets darüber nach, welche internen Ineffizienzen Sie angehen oder externe Möglichkeiten Sie nutzen wollen.
- Es gibt eine unglaublich hohe Anzahl digitaler Optionen und häufig kann es schwierig sein, die für Ihr Unternehmen besten Entscheidungen zu treffen. Beziehen Sie fähige Mitarbeiter in diese Entscheidungsprozesse mit ein. Dadurch profitieren Sie von ihrem direkten Wissen und erhalten zusätzliche Informationen über potenzielle Digitalisierungsansätze. Außerdem schaffen Sie bei den Mitarbeitern Akzeptanz für Veränderungen durch die Digitalisierung, wenn Sie sie bei der Planung einbeziehen. Das verhindert Widerstände bei der späteren Umsetzung.
- Nach der Formulierung der Digitalisierungsstrategie ist es wichtig eine erfolgreiche Umsetzung der gesteckten Ziele zu erreichen. Priorisieren Sie dafür die Maßnahmen, die Sie ergreifen wollen mithilfe des Werkzeugs, dass vorgestellt wurde. Auf Grundlage dieser Priorisierung können Sie nachfolgend eine optimale Roadmap für ihre Strategie anfertigen. Denken Sie dabei daran, dass es häufig hilfreich sein kann zu Beginn einige niedrigschwellige Erfolge anzustreben. Das stärkt die Akzeptanz und Motivation für kompliziertere Vorhaben. Definieren Sie zudem Messgrößen für die Kontrolle Ihrer Umsetzung. Wichtig ist es dabei, Größen auszuwählen, die tatsächlich den Erfolg des Vorhabens widerspiegeln. Es ist daher oftmals nicht sinnvoll, nur in monetären Größen zu denken, sondern beispielsweise zu berücksichtigen, wie sich die Maßnahmen auf Ihre Kundenzufriedenheit auswirken.

3
Kundenkontakt und -kommunikation – Die Rolle des Kunden für den Unternehmenserfolg

> **Was Sie aus diesem Kapitel mitnehmen**
> - Wie Sie einen effektiven Marketing-Mix gestalten, um potenzielle Kunden und Bestandskunden optimal zu adressieren.
> - Wie ein digitaler Vertriebsprozess Kunden und Unternehmensbereiche ganzheitlich integriert und starkes Wachstum ermöglicht.
> - Wie Sie Ihren Service zu einem digitalen Kundenerlebnis entwickeln und somit vom Cost- zum Profitcenter überführen.

Durch die Digitalisierung sind vor allem solche Unternehmen besonders erfolgreich, die es schaffen, den Kunden in das Zentrum all ihres Schaffens zu rücken. Unternehmen, die zunehmend den Kunden in den Fokus ihrer Tätigkeiten stellen, schaffen es, immer mehr Kunden von der Konkurrenz abzuwerben, sowohl im B2C- als auch im B2B-Bereich. Die richtige Kommunikation ist hierbei der zentrale Erfolgsfaktor und umfasst sämtliche Interaktionen zwischen Ihrem Unternehmen und neuen wie auch bereits bestehenden

Kunden. In diesem Kapitel widmen wir uns daher den drei wesentlichen Unternehmensbereichen, welche im permanenten Austausch mit Interessenten und Kunden stehen. Durch das **Marketing** kommunizieren Sie die Wertversprechen Ihres Unternehmens in die Märkte und somit an potenzielle Interessenten. Aufgabe ist es, Aufmerksamkeit für das eigene Unternehmen, die Produkte und Dienstleistungen zu erzeugen und geeignete Kontakte sowie relevante Informationen an den **Vertrieb** zu übergeben. Aufgabe des Vertriebes ist es, diese „reifen Früchte zu ernten" und dabei Verkäufe und folglich Umsätze zu erzielen. Als dritter stark kundenorientierter Bereich betreut der **Service** vor allem vorhandene Kunden bei Anfragen und Problemen. Hierbei bieten sich hervorragende Möglichkeiten, ein besseres Verständnis über den Kunden und dessen Bedürfnisse zu erhalten, welches wiederum dazu dient, die Arbeit der anderen Bereiche zu optimieren. Dieses Kapitel behandelt daher alle **drei Kernbereiche der Kundenkommunikation** und zeigt Ihnen, wie auch kleine und mittlere Unternehmen diese konsistent und digital aufeinander abstimmen können, um strategische Wettbewerbsvorteile zu realisieren (siehe Abb. 3.1).

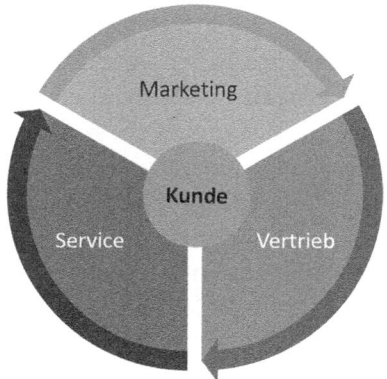

Abb. 3.1 Drei Kernbereiche der Kundenkommunikation

3.1 Marketing – Effektive Ansprache und Einbindung des Kunden

> **In diesem Abschnitt erfahren Sie**
> - warum Sie eine Marketingstrategie und einen individuellen Marketing-Mix entwickeln sollten,
> - wie Sie Stereotypen Ihrer Kundengruppen entwickeln und gezielt adressieren können,
> - wie Sie durch Inbound-Marketing von Kunden gefunden werden können,
> - wie Sie potenzielle Kunden dazu bringen, ihre Kontaktdaten zu hinterlegen,
> - welche digitalen Kanäle sich insbesondere für KMU eignen.

Marketingaktivitäten zielten früher vor allem darauf ab, Kunden aktiv anzusprechen. In den letzten Jahren hat sich dahingehend ein Wandel vollzogen. Insbesondere das sogenannte **Inbound-Marketing** erfreut sich im digitalen Zeitalter auch bei den von uns befragten KMU immer größerer Beliebtheit. Im Gegensatz zum klassischen **Outbound-Marketing,** bei dem Kunden aktiv adressiert werden (zum Beispiel über Radio, Fernsehen oder Dialogpost) zielt das Inbound-Marketing darauf ab, bestmöglich von potenziellen Kunden gefunden zu werden. Es geht also darum, jene Kunden einzufangen, welche ohnehin auf der Suche nach Ihren oder ähnlichen Produkten und Dienstleistungen sind. Abb. 3.2 stellt die initialen Phasen eines Inbound-Marketing-Ansatzes zusammenfassend dar.

Grundsätzlich führt der Begriff des Marketings oft zu Missverständnissen. Während Marketing für manche Unternehmer fast ausschließlich Werbemaßnahmen beinhaltet, bezeichnet es für andere einen ganzheitlichen Ansatz zur Führung von Unternehmen. Im Folgenden verstehen wir unter Marketing sowohl die Konzeption und Durchführung marktbezogener Aktivitäten (zum Beispiel Werbung) als auch eine Ausgestaltung und Abstimmung des Marketing-Mix – verstanden als die Summe aller marketingbezogenen Kanäle und Aktivitäten – orientiert an den Unternehmenszielen. Zu einer marktorientierten Perspektive gehört, neben passenden Produkten und

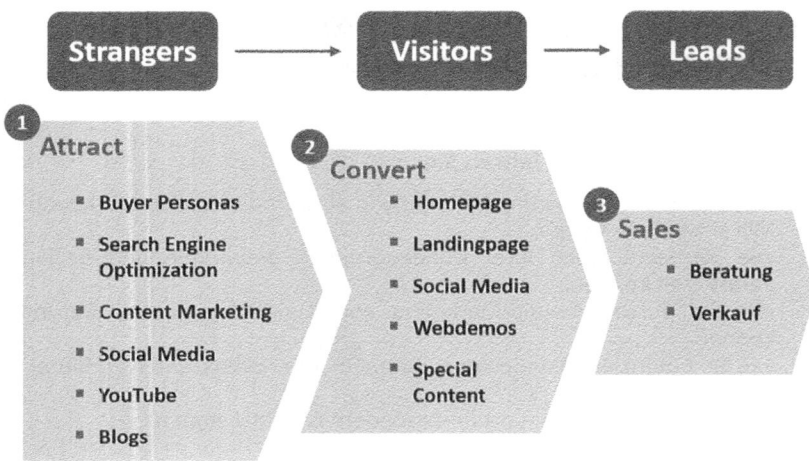

Abb. 3.2 Phasen des Inbound-Marketing

Dienstleistungen, das Sichtbarsein für Kunden und eine entsprechende Kommunikationspolitik. Durch die Digitalisierung entstehen viele neue Möglichkeiten, sich diesen Herausforderungen zu stellen. Im Folgenden werden einige Maßnahmen vorgestellt, welche durch Experten als besonders zielführend für KMU identifiziert wurden und individuell kombinierbar sind.

Die zuvor angerissene Form des Inbound-Marketings soll gezielt Kundengruppen ansprechen. Zur Unterstützung dieser Aktivitäten ist die Erstellung von sogenannten **Buyer Personas** (vgl. Abb. 3.3) eine einfache und auch für KMU praktikable Möglichkeit, den eigenen Marketing-Mix optimal an die erwarteten Kundensegmente anzupassen. Hierbei erstellt man einzelne Stereotypen von potenziellen Käufergruppen und beleuchtet deren beruflichen und privaten Hintergrund sowie primäre Bedürfnisse und Ängste.

Sobald man sich die Spezifikationen der potenziellen Kundengruppen vergegenwärtigt hat, gilt es diese Personen auf das eigene Unternehmen und Leistungsportfolio aufmerksam zu machen (siehe Abb. 3.2, **Attract**). Hierbei sollen die Adressaten verleitet werden, die unternehmenseigene **Webseite** oder den entsprechenden **Social-Media-Auftritt** zu besuchen. Um dieses Ziel zu erreichen, haben sich

3 Kundenkontakt und -kommunikation – Die Rolle des Kunden ...

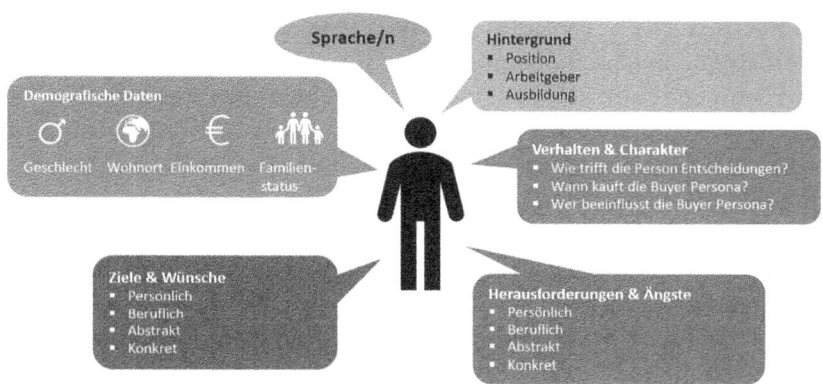

Abb. 3.3 Vorlage für die Erstellung einer Buyer Persona

die folgenden Marketingmaßnahmen als besonders vielversprechend erwiesen:

Das primäre Tool, mit dem potenzielle Interessenten nach Unternehmen oder Wertversprechen suchen, stellen nach wie vor die großen Suchmaschinenanbieter dar. Das Gewinnen von Strangers, also vormals Fremden, für den Besuch der eigenen Internetpräsenz „setzt natürlich auch voraus, dass man in der Google-Suche oder ähnlichen Suchmaschinen relativ weit oben landet", so die Leiterin der Digitalisierungsabteilung eines Chemieunternehmens.

Suchmaschinenoptimierung ist ein recht komplexes Thema, aber auch hier lassen sich mit wenig Aufwand gute Erfolge erzielen. So können schon prägnante und zu Ihrem Unternehmen passende und eingebundene Meta-Tags – im Text und in den Webseiten-Code eingebettete Stichwörter, die Ihr Unternehmen kennzeichnen – weiterhelfen, dass man Ihre Internetseite schneller findet. Um bessere Ergebnisse im Ranking der gängigen Suchmaschinen zu erzielen, bietet es sich überdies an, die Internetseite mit verwandten Suchbegriffen anzureichern und diese in den Inhalten auf der Website aufzugreifen. Außerdem können Sie Ihre Internetseite mit Begriffen anreichern, die Sie und Ihre Leistungen repräsentieren und daher potenzielle Kunden durch Suchmaschinen zu Ihnen führen. Eine kostenlose und niedrigschwellige Möglichkeit bietet beispielsweise Google Trends, um in

Sekundenschnelle verwandte Suchbegriffe und weitere Informationen zu erfahren, welche hochinteressant für Marketingmaßnahmen des Unternehmens sein können. Zudem gewähren die Algorithmen verschiedener Suchmaschinen eine Art Bonus, falls Sie Videos auf Ihrer Homepage einbetten. Vergessen Sie ebenfalls nicht, dass viele Menschen YouTube selbst als Suchmaschine nutzen, um sich über verschiedene Inhalte zu informieren. Maßnahmen zur Suchmaschinenoptimierung sollten also auch vergleichbare Portale einbeziehen. Näheres dazu wird im Folgenden ausgeführt.

Beim **Content-Marketing** stellen Unternehmen nützliche Inhalte wie Informationen oder Unterhaltungsinhalte kostenlos zur Verfügung. Die positive Darstellung des eigenen Unternehmens oder des eigenen Wertversprechens rücken hierbei zunächst in den Hintergrund. Ziel ist es, Interessenten für eine gewisse Thematik zu erreichen und deren Aufmerksamkeit zu erlangen. Darüber hinaus wird durch solche Maßnahmen die eigene Expertise nicht nur verkündet, wie im Fall der klassischen Werbung, vielmehr wird diese auch direkt demonstriert. Als gängige Formate eignen sich Grafiken, Info-Texte und insbesondere kurze Videos. Eines der befragten Unternehmen gibt diesbezüglich an, einen Werksstudenten zur Erstellung derartiger Content-Videos eingestellt zu haben und so für kleines Budget spürbar mehr Reichweite zu generieren. Als gängige Kanäle für Content-Marketing eignen sich insbesondere Plattformen wie YouTube, eigene oder fremde Blogs beziehungsweise Homepages und Social-Media-Plattformen. Ist ein potenzieller Kunde erst einmal für das eigene Wertangebot sensibilisiert, gilt es ihn in den Sales-Prozess zu überführen. Hierbei beschreibt der Begriff „**Lead**" eine Kontaktanbahnung durch einen potenziellen Interessenten, der dem Unternehmen seine Kontaktdaten überlässt. Um derartige Leads herbeizuführen und nachzuverfolgen, ist es notwendig, relevante Informationen des Kunden zu erhalten, wie beispielsweise E-Mail-Adresse oder, Telefonnummer. Damit Kunden dem Unternehmen diesen Gefallen erweisen und diese Informationen preisgeben, gilt es im Gegenzug auch etwas anzubieten. Eine einschlägige sowie informative Internetpräsenz stellt hierfür einen wichtigen Grundpfeiler dar, während digitale Formulare die Adressdaten im Gegenzug für „Premium-Inhalte" erfassen. Als Premium-Inhalte bieten sich laut eines interviewten Marketingleiters insbesondere kurze, aber aussagekräftige Broschüren an, die komplexe Hintergründe zu einem Thema leicht verständlich zusammenfassen, ohne dabei die eigene Lösung direkt zu vermarkten. So könnte beispielsweise ein Unternehmen, das ergonomische Stühle produziert, eine Infobroschüre erstellen, die Tipps zur richtigen Sitzposition gibt. Ist ein Kunde nun interessiert und lädt diese Broschüre im Austausch für seine Adressdaten herunter, kann das Unternehmen diesen im Anschluss gezielt kontaktieren.

Einer der Erfolgsfaktoren des digitalen Marketings für die befragten Unternehmen ist ein **aussagekräftiger Auftritt in sozialen Medien** wie beispielsweise LinkedIn oder Xing sowie eine informative Internetseite. Viele Kunden suchen nach Aussagen unserer Studienteilnehmer zunächst die Internetseite auf und schauen dort nach ersten Informationen sowohl zum anbietenden Unternehmen als auch zu den Produkten und Dienstleistungen. Ein Geschäftsführer eines Softwareherstellers führte dazu aus: „es kann fachlich interessant sein, es kann aber auch emotional interessant sein". Eine Kombination aus beidem ist daher empfehlenswert, auch im B2B-Geschäft. Über diverse Social-Media-Kanäle lassen sich ebenfalls potenzielle Geschäftskunden ansprechen, bestehende Beziehungen pflegen oder gar Nachwuchstalente begeistern und rekrutieren (siehe auch Abschn. 5.2 Personalmanagement und Unternehmenskultur). In einer Kurzfassung können hier die wichtigsten Fakten präsentiert und auf die Homepage verwiesen oder gar ein direkter Kontakt angestoßen werden. Sehen Sie nicht nur die Produkte und Dienstleistungen, sondern auch das Unternehmen als Marke und Aushängeschild, das es sich zu präsentieren und bewerben lohnt.

Um das volle Potenzial der eigenen Internetpräsenz auszuspielen, gilt es Möglichkeiten zu schaffen, um die zuvor angesprochenen Kontaktinformationen von den Interessenten zu erhalten und sogenannte Leads zu generieren. Weitergehende Informationen oder kostenlose Beratungstermine, die idealerweise automatisiert angefragt werden können, sind gängige Zahlungsmittel im Austausch für Kontaktinformationen. Zudem erhält man so die direkte Möglichkeit, vertriebliche Gespräche zu führen und den Interessenten gezielt in den nachgelagerten Vertriebsprozess zu überführen.

Wenngleich sich ein derart ganzheitlicher Ansatz des digitalen Marketings nicht für jedes KMU eignet und umsetzen lässt, sollten Sie sich als Geschäftsführung oder Verantwortlicher nicht verunsichern lassen. Im Rahmen unserer Studien geben diverse KMU an, dass eine **aussagekräftige Onlinepräsenz** nicht zwangsläufig eine hochfrequente Bespielung mit Medien und Inhalten voraussetzt. Zunächst einmal sei es essenziell, dass man überhaupt präsent sei und der Auftritt professionell sowie regelmäßig gepflegt wirke. Bewährt haben sich Internetauftritte, die übersichtlich und schlank gestaltet sind sowie auf die wesentlichen Informationen eingehen: Produkte und Dienstleistungen, Unternehmensgeschichte, konkrete Ansprechpartner und Unternehmensaktivitäten.

Darüber hinaus ergeben sich aus unseren durchgeführten Studien weitere erfolgsversprechende Marketingmaßnahmen, welche insbesondere für KMU durchschlagende Effekte erzielen können. Als klassisches Vertriebselement hat sich auch das **E-Mail-Marketing** bei den teilnehmenden KMU durchsetzen können: „Kundenakquise und Ähnliches findet tatsächlich hauptsächlich über E-Mail statt", so die Leiterin der Digitalisierungsabteilung eines Chemieunternehmens. E-Mails sind aus dem heutigen Geschäftskontext nicht mehr wegzudenken und eignen sich sehr gut für Marketingaktivitäten. Sie sind schnell erstellt, kostengünstig verschickt und können zeitgleich einen größeren Adressatenkreis erreichen, ebenso wie einen definierten kleineren Kreis. Zudem lassen sich viele Inhalte in einer E-Mail platzieren sowie unterschiedliche Reize setzen, zum Beispiel durch Grafiken, Texte, eingebettete Videolinks. E-Mail-Marketing eignet sich zudem hervorragend für die Pflege bereits bestehender Kundenbeziehungen, aber ebenso für die Gewinnung neuer oder noch unentschlossener Kunden. Eine Kontakteinwilligung vorausgesetzt, lassen sich maßgeschneiderte Angebote an einen spezifischen Adressatenkreis verschicken. Hierbei kann man neben allgemein gehaltenen Produktinformationen und -empfehlungen auch Angebote versenden, die ein bereits auf Kundenseite bestehendes Produkt oder eine Dienstleistung sinnvoll ergänzen. Wie auch bei vielen anderen Maßnahmen gilt hier die Devise „weniger ist mehr", da ein erstes Interesse beim Kunden geweckt werden soll und weitere Informationen entweder über eine

Internetseite bereitgestellt oder sogar direkt ein persönlicher Kontaktpunkt geschaffen werden kann.

Eine erfolgreiche Erweiterung zum konventionellen E-Mail-Marketing können wir im Rahmen unserer Studie bei einem Unternehmen mit dem Schwerpunkt in der Mess- und Regelungstechnik identifizieren, welches durch die Corona-Pandemie dazu gezwungen ist, seine alljährlichen Messeauftritte auf **digitale Messen** zu verlegen. Obwohl die anfängliche Skepsis gegenüber dem Format sehr hoch war, entschied sich die Geschäftsführung dennoch für einen Pilotversuch mit überraschendem Ausgang. Durch geschicktes E-Mail-Marketing (inklusive dem Ankauf von Kontaktlisten) konnten in kürzester Zeit über 35.000 Einladungen zu einem virtuellen Messestand verschickt werden. Innerhalb von vier Tagen erreichten das Unternehmen etwa 700 Rückläufer aus aller Welt, wovon sich viele für das digitale Messeformat registrierten. Neben der erfreulichen Rücklaufquote gibt der Geschäftsführer an, dass insbesondere der Aufbau derartiger E-Mail-Verteilerlisten unter Berücksichtigung etwaiger rechtlicher Bestimmungen strategisch von großer Bedeutung für die Zukunft ist. Im Rahmen der digitalen Messe führt die Geschäftsführung zudem an, dass eine gut aufgebaute Startseite ebenso wichtig sei wie durchgängig besetzte Chaträume für vertrauliche bilaterale Gespräche. Erst hier trauen sich viele potenzielle Kunden relevante Fragen zu stellen und so den Weg für den Vertrieb zu bereiten. Das KMU profitiert insbesondere von der Internationalisierung, welche digitale Messen gegenüber physischen bieten. Dennoch erklärt der Geschäftsführer, dass das „Shakehands nicht in Gänze ersetzt werden kann".

Neben der direkten Kundenansprache ist eine aussagekräftige und positive Außendarstellung wichtig für Unternehmen. Eine gute Möglichkeit, um für Kunden sichtbar zu werden und zu bleiben, ist die Pflege von **Public Relations.** Insbesondere emotional aufgeladene Geschichten begeistern und verankern sich im Gedächtnis, unabhängig vom Medium oder der Plattform, worüber sie verbreitet werden. Das Ziel der Kundenansprache ist eine möglichst authentische und ansprechende Aufbereitung der Inhalte, verbunden mit einer Geschichte durch sogenanntes Storytelling. Unter Storytelling versteht man das Einbetten von Fakten und Wissen in einen erzählerischen

Stil, der häufig mit Metaphern, Leitmotiven oder anderen stilistischen und rhetorischen Mitteln angereichert wird. Hierzu sollten Überlegungen angestellt werden, welche Aktivitäten des Unternehmens sich gut öffentlichkeitswirksam darstellen lassen und eine authentische Geschichte erzählen. In diese Geschichte lassen sich Produkte oder Dienstleistungen einbetten und können so abseits des eigentlichen Mehrwerts für den Kunden positive Emotionen wecken sowie helfen eine Bindung aufzubauen. Hierbei werden diverse Stilelemente wie beispielsweise Metaphern zum Einsatz gebracht und mit Anekdoten verknüpft. Diese Geschichten lassen sich medial gestützt aufbereiten, anreichern und beispielsweise sehr gut mit Content-Marketing verknüpfen.

> Essenzieller Erfolgsfaktor im digitalen Marketing ist die **Erarbeitung einer umfassenden Marketingstrategie.** Wie auch im Service und im Vertrieb gilt es genau zu reflektieren, welche Kanäle mit welchen Inhalten adressiert werden sollen. Hierzu sollten Sie unbedingt erörtern, welche Kundengruppe Sie spezifisch ansprechen wollen und welche Medien diese vermehrt nutzt. Um gezielt Kunden für sich zu gewinnen, welche ohnehin nach Ihren oder ähnlichen Produkten suchen, gilt es, eine breite Palette an Marketingmaßnahmen zu etablieren und hierbei die **Grundlagen des Inbound-Marketings** zu beherzigen. Fundamental ist auch die Abstimmung mit den Bereichen Vertrieb und Service, um eine nahtlose Übergabe von Leads in einen Sales-Prozess zu gewährleisten. Starten Sie kleine Versuchsreihen auf verschiedenen sozialen Medien und messen Sie die Erfolge mit den diversen Funktionalitäten der Anbieter. Wenn Sie einen oder mehrere vielversprechende Kanäle identifiziert haben, können Sie die entsprechenden Marketingmaßnahmen gezielt intensivieren.

3.2 Vertrieb – Den Kunden und seine Anforderungen in den Mittelpunkt rücken

> **In diesem Abschnitt erfahren Sie**
> - welche neuen Möglichkeiten digitaler Vertrieb bietet,
> - wie Sie Ihre Kunden in den Vertriebsprozess integrieren können,

- warum jeder Ihrer Mitarbeiter immer den Vertrieb im Fokus haben sollte,
- wie Sie Plattformen für den digitalen Vertrieb nutzen können,
- warum Sie Ihre Vertriebssoftware unbedingt mit anderen Unternehmensbereichen koppeln sollten.

Für den Vertrieb von Unternehmen ergeben sich durch die Digitalisierung vielfältige Erweiterungspotenziale, um Produkte und Leistungen über neue Vertriebskanäle an den Kunden zu bringen. Darüber hinaus kann die Beziehung zum Kunden sehr viel tiefgreifender, direkter und persönlicher gestaltet werden. Vor allem die zunehmende Anzahl von Online-Shops und die Entwicklung der Absatzzahlen im E-Commerce unterstreichen diese Entwicklung. Heutzutage ist es selbst kleinen Unternehmen möglich, Produkte und Leistungen über das Internet auch ohne direkten Kundenkontakt zu vertreiben. Hierbei kann man stark danach unterscheiden, wie individuell und damit aufwendig die Gestaltung eines elektronischen B2C- oder auch B2B-Geschäfts sein soll. Sehr wenig Arbeit kostet es, sich bei bestehenden Online-Marktplätzen mit einem Händleraccount anzumelden. Bekannte allgemeine Beispiele für solche sind eBay, Etsy, Kaufland oder Amazon, wobei es ebenfalls produktgruppenspezifischere Anbieter wie Wayfair gibt. Bei eigenen Websites und Plattformen wird der Aufwand zwar höher, aber gleichzeitig kann man diese auch besser an eigene Bedürfnisse und Anforderungen anpassen. Als hybride Lösung bieten sich Plattformen wie shopify an, welche die Individualisierbarkeit eines eigenen Shops mit standardisierten und leicht realisierbaren Ansätzen vereinen.

In unseren Studien zeigt sich, dass Kunden in der heutigen Zeit zunehmend **Wert auf maßgeschneiderte Lösungen und Detailinformationen** legen, so verschiedene Unternehmen aus der Software- und auch Baubranche. Die Digitalisierung ermöglicht, diese Anforderungen zu befriedigen und den Kunden effizienter direkt in Prozesse einzubinden. Ein Erfolgsfaktor ist die Einbindung des Kunden in transparente Vertriebsprozesse. Dadurch wird der Aufwand für das eigene Unternehmen verringert und das Ergebnis vom

Kunden als für ihn individuell zugeschnitten empfunden, da er sich selbst beteiligen kann. **Produktkonfiguratoren** bieten sich dafür sehr gut an, da der Kunde sich ein Produkt digital und nach seinen Vorstellungen individuell zusammenstellen und daher sehr viel stärker gebunden werden kann, wie ein Abteilungsleiter eines Energieunternehmens erklärt. Solche **Produktkonfiguratoren** – oftmals auch als Toolkits bezeichnet – haben diverse Vorteile. Der Kunde kann sich bis zu einem gewissen Grad eine Dienstleistung oder ein Produkt selbst zusammenstellen, wie es etwa bei den Sportartikelherstellern miadidas oder nikeid mit Blick auf maßgeschneiderte Produkte (zum Beispiel Turnschuhe) der Fall ist. Eines der von uns befragten Unternehmen verbesserte sein Verständnis über die Kaufbereitschaft seiner Kunden, indem frühzeitig kundenseitige Preisvorstellungen und Anforderungen an Kostenvoranschläge erfragt wurden. Durch die Möglichkeit, während einer individuellen Konfiguration auch Aufschlüsselungen der Kostenpunkte zur Verfügung zu stellen, erhöhen Sie die Transparenz der Preisgestaltung. So können Kunden bereits früh im Prozess eigene Kostenvoranschläge erarbeiten, was wiederrum die Ressourcen Ihres Vertriebs schont. Weiterhin kann der Vertriebsprozess an sich durch digitale Hilfsmittel für den Kunden greifbarer gestaltet werden.

In unseren Studien zeigt unter anderem ein Architekturbüro auf, dass es durch **Virtual Reality (VR)** in der Lage ist, den Kunden frühzeitig in die Leistungserstellung zu integrieren. Der Kunde kann vorab mit einer VR-Brille einen Rundgang durch ein digitales Modell des zukünftigen Gebäudes machen und so einen besseren Eindruck bekommen, wie die Planungen später aussehen. Es ist einfacher, etwaige Änderungsbedarfe zu erkennen und direkt zu berücksichtigen. Dadurch erhöht sich die Zufriedenheit des Kunden, da er sich bereits vorab ein besseres Bild des möglichen Endzustands machen und frühzeitig intervenieren kann. Die Integration solcher digitalen Möglichkeiten bietet das Potenzial, sich von der Konkurrenz abzuheben, da man dem Kunden etwas Neues bietet und ihn teilhaben lässt.

Ein weiterer Hebel im gesamten Vertriebsprozess ist das **Management von Kundenbeziehungen und -daten**. Kundenkommunikation und das Wissen über die Kundenhistorie in einem Unternehmen sind elementare Erfolgsfaktoren, die in KMU insbesondere bei langjährigen Kundenkontakten eine große Rolle spielen. Das Wissen über Konfigurationen und Anwendungsfälle beim Kunden führt zu einer spezifischeren Beratung, einer gesteigerten Passgenauigkeit von Produkten und Services und damit zu einer deutlich erhöhten Kundenzufriedenheit. Um die Vorteile der persönlichen Kenntnis über Kundenbedürfnisse und Historien auch bei einem schnellen Unternehmenswachstum aufrechterhalten zu können, bietet sich ein **Customer-Relationship-Management-System (CRM-System)** an. Durch die Nutzung eines solchen CRM-Systems lassen sich neben der Führung einer digitalen Kundenkartei auch erhebliche Ineffizienzen beseitigen, da Spezifikationen dauerhaft hinterlegt werden können, die dann im vertrieblichen Prozess keiner erneuten Aufnahme bedürfen. Ein Beispiel hierfür ist bei einem Unternehmen mit Schwerpunkt Mess- und Regelungstechnik zu identifizieren, das im Zuge des unternehmerischen Wachstums feststellen musste, dass die Kundenanzahl nicht mehr händisch im gewohnten Umfang zu betreuen war. Neben höheren Personalaufwänden litt auch die Kundenzufriedenheit stark, da Kunden nicht mehr das intensive Betreuungserlebnis verspürten, wie sie es gewohnt waren. Mit der Einführung eines CRM-Systems können mit weniger Aufwand weiterhin spezifische Beratungen durchgeführt werden, da Kundenspezifikationen lediglich einmalig aufgenommen werden müssen und die Kundenkartei im CRM-System es ermöglicht, dass neu bestellte Produkte direkt an bereits zuvor gekaufte Produkte und Maschinen angepasst werden können. Dies hat zur Folge, dass laut dem Geschäftsführer eines Chemieunternehmens sowohl die Verkaufszahlen als auch die Kundenzufriedenheit ansteigen (siehe auch Abschn. 3.1 Marketing).

Umfassende Beratungsleistungen können bereits früh im Prozess erbracht werden, die erst bei tatsächlicher Kaufentscheidung des Kunden in die Bepreisung mit einkalkuliert werden. Durch die Verringerung der Aufwände für solche Beratungen durch digitale Werkzeuge wird eine Quersubventionierung für das Unternehmen rentabel. Erfolgreich zum Abschluss gebrachte Verkaufschancen subventionieren die entstandenen Kosten für erfolglose Services im Vertriebsprozess. Als Beispiel für eine solch integrative Gestaltung des Vertriebsprozesses dient in unseren Studien ein Unternehmen der Baubranche.

Die individuelle Beratungsleistung im Bereich von Tür- und Fenster-Beschlag-Technik ist elementarer Bestandteil des Vertriebsprozesses und für die passende Produktwahl des Kunden unerlässlich. Weil der vormals analoge Vertriebsprozess durch die damit verbundenen hohen Aufwände nicht in einem für den Kunden optimalen Umfang anzubieten ist oder die Beratungsleistung dadurch vorab bepreist werden muss, konnten weniger Verkäufe erfolgreich abgeschlossen werden. Mit der digitalen Gestaltung der Beratungsleistung ohne Entstehung von direkten Kosten vor dem Abschluss eines Verkaufs, konnten Kunden umfangreicher und damit besser beraten werden, was zu deutlich erhöhten Verkaufszahlen des Unternehmens geführt hat. Neben der Möglichkeit, Beratungsleistungen als Ergänzungen des Vertriebsprozesses zu verwenden, ist es außerdem denkbar, diese als eigenständige Leistung zu positionieren. Ein Unternehmen der Softwarebranche unterstreicht in einer der von uns durchgeführten Studien die Relevanz dieser Beratungsleistungen für den Erfolg des Unternehmens. Die **Beratungsleistungen** zu den Produkten und Services sind eine erfolgsversprechende potenzielle Einnahmequelle neben der konventionellen Verkaufstransaktion. Zudem werden damit die Kompetenzen des Unternehmens signalisiert, die über die eigentlichen Produkte hinausgehen.

Der Austausch mit Kunden, insbesondere im Mittelstand, beinhaltet häufig den Austausch von individuellen Informationen über Produkte und Services. Dieser Informationsaustausch lässt sich nur schwer voll automatisieren, da eine der vielen Stärken des Mittelstandes in der kundenindividuellen Fertigung sowie Erbringung von Serviceleistungen zu sehen ist. Um die Kommunikation zu verbessern und Informationen sowohl für das betreffende Unternehmen als auch für die Kunden leichter zugänglich zu machen, bietet sich eine **Kommunikationsplattform als digitales Hilfsmittel** an. Durch das Nutzen einer solchen Plattform haben Kunden und Unternehmen nicht nur die Möglichkeit, die Kommunikation niedrigschwelliger und übersichtlicher zu gestalten, sondern können gleichzeitig die Kommunikationshistorie sowie zugehörige Daten austauschen. Den einfachen Einstieg bieten laut verschiedener Studienteilnehmer **Content-Management-Systeme** wie z. B. „WordPress" oder „typo3". Hier lassen sich Webseiten ohne größeren Aufwand gestalten, deren breite Funktionalität es ermöglicht,

Informationsvideos oder Kundenlogins zu realisieren. Diese Form der Kommunikation bietet Vorteile, die im Folgenden aus zwei Perspektiven dargelegt werden.

Ein konkretes Beispiel für den Vorteil einer solchen Plattform nennt ein Unternehmen der Entsorgungswirtschaft. Kunden, die Services dieses Unternehmens in Anspruch nehmen, haben ein als Sonderabfall klassifiziertes Schüttgut, in der Regel in Form von Baustellen-Aushub, welches sie nachweislich sicher entsorgen müssen. Ebenso wie der Kunde möchte auch das Entsorgungsunternehmen ausreichend Informationen darüber erhalten, welches Gefahrgut und welche Mengen zu transportieren sind, da sowohl dem Dienstleister als auch dem Kunden entsprechende Dokumentationspflichten durch die Gesetzgebung vorgeschrieben sind. Dieser Prozess der gegenseitigen Abstimmung ist fehleranfällig und in der Regel mit häufiger und umfangreicher Kommunikation verbunden. Durch die Einführung einer Kundenkommunikationsplattform ist der Dokumenten- und Informationsaustausch zwischen Kunden und Dienstleister deutlich vereinfacht. Informationen wie Auftragsumfang und Art des Gefahrengutes sind archiviert und der Prozess ist weniger fehleranfällig, was die Erfüllung der Nachweispflicht deutlich vereinfacht. Auch aus Sicht des Dienstleisters ergeben sich durch eine **digitale Kundenkommunikationsplattform** mehrere Vorteile. Ein Transportdienstleister muss sich insbesondere im Bereich des Transports der beschriebenen Gefahrenstoffe rechtlich absichern und gewährleisten, dass die getroffenen Vorsichtsmaßnahmen zur Sicherung des Transportgutes eingehalten werden. Hierzu benötigt das Unternehmen detaillierte Informationen. Zudem muss das Unternehmen nachweisen können, dass die getroffenen Maßnahmen den Informationen entsprechen, die zuvor über das Transportgut vorhanden waren. Durch den rechts- und nachweissicheren Erhalt der Informationen über die digitale Kundenkommunikationsplattform kann das Unternehmen belegen, dass die getroffenen Sicherheitsmaßnahmen den zuvor kommunizierten Anforderungen entsprechen.

Die **Planung und Steuerung der internen Prozesse,** konkret die Koordination von Transportfahrzeugen in unserem Beispiel, stellt einen großen Anteil der Tätigkeit eines solchen Unternehmens dar.

Hierbei sind Unsicherheiten und durch mangelnde Informationen zu wahrende Risikoaufschläge in der Kalkulation ein häufig auftretendes Phänomen. Hat man allerdings frühzeitig umfangreiche Informationen zur Planung zu Verfügung, kann der Prozess effizienter werden und die Risikoaufschläge minimiert werden. Während eine erste Stufe hin zur Digitalisierung im Falle unseres Gefahrengut-Transportdienstleisters die manuelle Integration der erhaltenen Informationen in die Planungsprozesse bedeuten kann, stellt eine zweite Stufe die direkte Anbindung der Online-Kundenkommunikationsplattform an andere IT-Systeme dar, die alle notwendigen Informationen automatisiert in den Prozess miteinbeziehen, gleichzeitig die Dokumentation im entsprechend angebundenen System vornehmen und den Kunden über die geplante Abholung des Gefahrengutes informieren.

> Der Vertrieb im digitalen Zeitalter zeichnet sich insbesondere durch **Kundenzentriertheit** aus. Die Basis hierfür bietet ein besseres Verständnis Ihrer Kunden auf Basis von Kundendaten und des Wissens Ihrer Mitarbeiter. Um Ihre Umsätze zu steigern, bestehende Kunden zu halten und neue zu gewinnen, müssen Sie beides verbinden. Zunächst sollten Sie ein CRM-System etablieren, damit Ihre Verkäufe nicht mehr vom Wissen einzelner Personen abhängen, sondern nachhaltig organisiert werden können. Bei der Entscheidung sollten Sie zudem berücksichtigen, dass Sie eine Lösung wählen, welche über gängige Standardschnittstellen leicht mit anderen IT-Anwendungen im Unternehmen kommunizieren kann. Durch Automatisierungen im Marketing können Sie beispielsweise Ihr Vertriebsteam informieren, wenn potenzielle Interessenten erste Anzeichen von Kaufinteresse erkennen lassen. Ebenso ist es wichtig, Impulse aus Ihrem Kundenservice digitalisiert in den Vertrieb zu übertragen, um **Cross-Selling** zu betreiben.

3.3 Kundenservice – Erweiterungen Ihrer Leistungen

> **In diesem Abschnitt erfahren Sie**
> - warum moderne Kundenwünsche neue Service-Lösungen erfordern,
> - wie Sie Kunden auf verschiedensten Kanälen Services anbieten und dabei Kosten sparen können,

- wie Sie Kundenwissen zentral organisieren und damit neue Geschäftsmodelle ermöglichen können,
- wie Service-Portale das Unternehmenswissen nachhaltig verankern können,
- wie Service-Apps die Kundenzufriedenheit steigern und gleichzeitig Kosten sparen können.

Der Kundenservice oder auch Kundendienst bezeichnet jenen Teilbereich eines Unternehmens, dessen Aufgaben sich darauf konzentrieren, vor, während und nach einem Verkauf Kundenzufriedenheit zu generieren und sich um die Anliegen der Kunden zu kümmern. Im Rahmen unserer Studie zeigt sich, dass ein **gelungenes Serviceangebot das Kundenerlebnis maßgeblich prägt** und sich stark auf den Markenwert sowie die Kundenbindung auswirkt. Bei positiven Erfahrungen im Problemfall zeigt sich, dass Kunden mehr Geld für die jeweilige Marke oder das Produkt eines Anbieters ausgeben und diese mit höherer Wahrscheinlichkeit weiterempfehlen. Im digitalen Zeitalter eröffnen sich zahlreiche technologische Möglichkeiten, den eigenen Kundenservice hochwertiger, kosteneffizienter, schneller und dadurch kundenzentrierter zu gestalten.

Unternehmen, welche geeignete Technologien frühzeitig und erfolgreich einsetzen, haben die Erwartungen aller Kunden enorm gesteigert und heben damit die Messlatte für alle anderen Unternehmen in punkto Kundenservice auf ein neues Niveau. Im Interview äußert ein von uns befragter Geschäftsführer pointiert: „Service ist unser neues Marketing". Weiterhin verdeutlicht er, dass die Digitalisierung neben neuen Chancen auch enorme Risiken birgt, welche sich auf das gesamte Unternehmen und dessen Wahrnehmung auswirken können. Unsere Studien zeigen, dass insbesondere KMU das Schritthalten mit dem rasanten technologischen Wandel in diesem Bereich schwerfällt. In diesem Abschnitt werden daher eine Reihe von Möglichkeiten aufgezeigt, wie der **Kundenservice erfolgreich digital transformiert** und dadurch kundenzentrierter gestaltet werden kann. Die Best-Practice-Beispiele erfolgreicher KMU veranschaulichen dabei Optimierungspotenziale von konventionellen Kundenhotlines bis hin zu Support- und Instandhaltungsbereichen.

Viele Kunden verbinden mit Kundenservice vor allem endlose Warteschleifen in Hotlines, die häufig nicht zu einer zufriedenstellenden Lösung des Kundenproblems führen. Die resultierende Unzufriedenheit für den Kunden, aber auch die kostenintensive Besetzung der Callcenter-Plätze für das dienstleistende Unternehmen, lassen erahnen, warum immer mehr Kundenanfragen Unternehmen auf neuartigen Kanälen erreichen. KMU sehen sich hierbei mit einer Bandbreite konfrontiert, welche von klassischen Medien wie Fax, Post, Telefon, E-Mail und persönlichen Kontakten in Geschäftsräumen über Social Media und Nachrichten-Dienste, wie beispielsweise WhatsApp oder Facebook-Messenger, bis hin zu Selbstbedienungsportalen und Chatbots erstreckt. Die unterschiedlichen persönlichen Präferenzen sowie die technologischen und rechtlichen Anforderungen verschiedener Anfragen erschweren es enorm, diese Kanalvielfalt zu reduzieren. Daraus folgt, dass Kunden immer häufiger erwarten, Unternehmen prinzipiell über mehrere Kanäle erreichen und kontaktieren zu können. Als besondere Schwierigkeit kommt hinzu, dass es sich zwar empfiehlt, kundenseitig breit aufgestellt zu sein, unternehmensintern jedoch sämtliche Kommunikationsströme wieder zu bündeln. Nur so lassen sich Doppelbearbeitungen und verworrene Datensilos, also Kundendaten und -informationen isoliert an unterschiedlichsten Orten, vermeiden. Dieses unkoordinierte Datenmanagement führt nämlich kurz- bis mittelfristig zwangsläufig zu einer negativen Kundenerfahrung. Ein essenzieller Erfolgsfaktor ist daher das Erarbeiten einer sogenannten **Omni-Kanal-Strategie,** die genau beschreibt, welche Kontaktpunkte mit dem Kunden in Zukunft bedient werden sollen und wie sich die interne Struktur, auch personell, integrieren oder anpassen lässt. Hier lässt sich zudem anmerken, dass viele Kanäle rund um die Uhr erreichbar sind und die Kunden sich so jederzeit mit ihren Anliegen an das Unternehmen wenden können. Weiterhin sind die Informationsflüsse innerhalb des Unternehmens miteinander vernetzt, wie Abb. 3.4 zeigt.

Als sehr hilfreich haben sich daher **Selbstbedienungsportale** herausgestellt, welche den Kunden jederzeit ein gewisses Maß an Hilfe anbieten und vergleichsweise geringe Kosten verursachen. Angereichert mit Tutorials, zum Beispiel in Form von kurzen Videoeinheiten, kann der Kunde so verschiedene Probleme bereits selbstständig ergründen

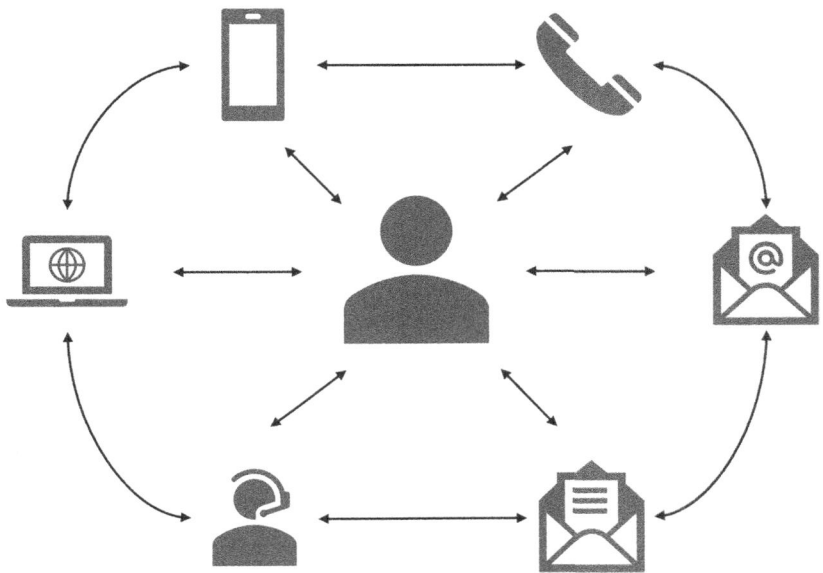

Abb. 3.4 Omni-Kanal-Strategie mit dem Kunden im Mittelpunkt

und lösen. Als besonders leicht zu realisierender Einstieg kann beispielsweise eine FAQ-Sektion (FAQ = frequently asked questions) auf der Webseite dienen. Unter FAQ versteht man eine Sammlung von regelmäßig durch Kunden gestellte Fragen, die man mit entsprechenden Antworten auf der Webseite bereitstellen kann und so schon einige potenzielle Fragen vorwegnehmen kann. Eingebettet in professionellere **Chatbot-Lösungen** kann dem Kunden zudem dauerhaft eine Möglichkeit zur interaktiven Problembewältigung angeboten werden. Insbesondere bei Service-Anfragen, die genauere Hintergründe und Kundeninformationen zur Lösung benötigen, eignen sich Chatbots, um automatisch und vorab relevante Daten zu sammeln und für den Service-Mitarbeiter die Bearbeitung effizienter zu gestalten. Außerdem kann man so die Quote der Problemlösung im Erstkontakt steigern und damit die Kundenzufriedenheit erhöhen. Vorsicht sei allerdings bei einer sukzessiven Erweiterung um einzelne digitale Kanäle und durch Einzellösungen geboten. Dieses Vorgehen erweist sich oftmals als risikobehaftet, da sich die wahren Kosten erst mittel- bis langfristig offenbaren, wie zum Beispiel bei der Einbindung neuer Kanäle in die bestehenden Kundenmanagement-Lösungen. Ein Bereichsleiter Marketing eines EDV-Unternehmens empfiehlt daher die Transformation der Kundenkommunikation insbesondere im Service-Bereich als Chance zu verstehen, die zugrundeliegenden Prozesse auf der „grünen Wiese" neu zu denken und ganzheitliche Konzepte zu erarbeiten. Wenngleich diese Aussage im Widerspruch zu einer schrittweisen Veränderung steht, können disruptive Ansätze in diesem Kontext relevant werden. Eine pauschale Empfehlung lässt sich hier nicht geben, weshalb wir dazu raten, beide Herangehensweisen kritisch zu reflektieren. Bei der Erarbeitung einer Roadmap sowie der technischen Umsetzung rät er explizit zur Unterstützung durch erfahrene Anbieter und Experten, welche insbesondere die Belange von KMU verstehen.

Für die Sammlung und Verarbeitung relevanter Daten bietet sich laut eines unserer befragten KMU vor allem die Nutzung einer **Service-Plattform** an. Solche Plattformen dienen einerseits als Datenbank, um Informationen zu den Kunden zentral zu speichern. Andererseits können durch detaillierte Informationen über Kunden und deren Produkte zielgerichtete und maßgeschneiderte Services angeboten werden. Das könnte beispielsweise die frühzeitige Bereitstellung und Montage von Verschleißteilen sein, wenn bekannt ist, welches Produkt der Kunde einsetzt. Dadurch sind notwendige Reparaturintervalle besser absehbar und planbar. So können auf Kundenseite lange und kostspielige Ausfallzeiten von Anlagen oder Maschinen vermieden werden, wenn kritische Bauteile rechtzeitig vor einem Defekt oder dem Ende der Nutzungszeit getauscht oder gewartet werden. Dadurch steigt die Kundenzufriedenheit, weil das anbietende Unternehmen proaktiv mit einem Service dazu beiträgt, dass keine längeren Stillstandzeiten auftreten. Darüber hinaus lassen sich **Kunden in Service-Plattformen integrieren** und dort ein Kontaktpunkt schaffen. Über diesen können sie direkt mit dem Anbieter in Kontakt treten und zum Beispiel spezifische Teile und die entsprechende Montage in Auftrag geben, wenn während des Betriebs Fehler auftreten. Über eine digitale Lösung lassen sich so auch Bilder oder gar Videos austauschen, die eine Fehlersuche oder Teilebeschreibung im Vorhinein vereinfachen. Darüber hinaus lässt sich eine Servicehistorie erstellen, die sowohl in der Kundenbeziehung hilfreich ist, da man gezielter Produkte und Dienstleistungen anbieten kann, aber auch dabei hilft, die eigenen Produkte und Dienstleistungen zu verbessern, wenn häufige Defekte, Probleme oder Verschleißteile bekannt sind und in Neukonstruktionen oder bereits bestehenden Produkten berücksichtigt werden können.

Eine weitere Möglichkeit, im Rahmen des Serviceangebots einen Mehrwert für Kunden und Anbieter zu schaffen, bieten digitale Supporttätigkeiten. Niedrigschwellig kann man beispielsweise über eine Videokonferenz mit dem Kunden Fehler, Probleme oder auch Ausfälle analysieren und Soforthilfe leisten, ohne direkt vor Ort zu sein oder lange Anfahrtszeiten auf sich nehmen zu müssen. Sollte ein Besuch vor Ort dennoch unumgänglich sein, ist **eine erste Fehleranalyse über eine Videokonferenz** geeignet, um die notwendigen Tätigkeiten abzuschätzen, passende Ersatzteile einzuplanen und beim Kunden direkt mit der Fehlerbeseitigung oder Entstörung beginnen zu können. Dieses Vorgehen ist einer der großen Mehrwerte der Digitalisierung, die der Inhaber einer Schreinerei für sich identifiziert und im Rahmen unserer Studie hervorhebt. Hierbei kann man Bilder oder Videos festhalten, die wiederum auf der Service-Plattform hinterlegt werden können, um später bei ähnlichen Fehlern einen möglichen Lösungsweg vorgeschlagen zu bekommen. Als Erweiterung bieten sich Technologien wie **Augmented Reality (erweiterte Realität, kurz AR)** an, um aus der Ferne zu helfen, Fehler zu finden und auf einem Display oder einer AR-Brille anzuleiten, wie Service-Techniker diese vor Ort beheben können, erklärt der Geschäftsführer eines Robotik-Unternehmens.

Die zunehmende Relevanz des Kundenservices für das gesamte Unternehmen zeigt sich im Rahmen unserer Studien insbesondere an Fallbeispielen von Unternehmen, welche durch digitale Servicelösungen in der Lage waren, gänzlich neue Geschäftsmodelle zu realisieren. Ein Unternehmen aus dem Bereich der Mess- und Regelungstechnik führt durch eine geschickte Kombination von Skype, Teamviewer und Augmented Reality einen **Remote-Kundenservice** ein, also einen

Kundenservice aus der Ferne. Durch eine individuelle Software wird so eine datenseitige Begleitung des gesamten Prozesses von der Serviceanfrage über die Abwicklung bis hin zur Abrechnung möglich. Hierdurch erhält das Unternehmen tiefgreifende Einblicke über „das was läuft und das was nicht läuft", so der Service-Verantwortliche des Unternehmens. Der sehr kostenintensive, analoge Kundenservice aus der Vergangenheit konnte in ein nachhaltiges Geschäftsmodell überführt werden. Über ein **Ticketsystem** werden nun Kundenanfragen auf verschiedenen Ebenen erfasst, wie zum Beispiel vertrieblich oder technisch, und an den jeweiligen Kundenbetreuer weitergeleitet. Bei Serviceanfragen erhält jeder Kunde ein Freikontingent von mehreren Stunden, welche in 15-min Blöcken abgerufen werden können. Anschließend lassen sich diese für rund 100 €/h nachkaufen. Obwohl die Angst vor Ablehnung seitens des Kunden für einen bezahlten Service zunächst hoch war, zeigt sich der Geschäftsführer des Mess- und Regelungstechnik-Unternehmens froh über diesen mutigen Schritt, da „wegfallende Reisekosten und Ausfallzeiten sowie eine deutlich effizientere Problemlösung die Gebühren bei weitem übersteigen und bei allen Kunden auf hohe Akzeptanz stoßen".

Ein weiteres positives Beispiel stellen die Ambitionen eines Robotik-KMU bei der Einführung eines Produktdatenmanagements (kurz PDM) dar. Mit diesem erfasst das Unternehmen sämtliche Daten seiner Anlagen über den gesamten **Produktlebenszyklus** hinweg, in diesem Fall sogar für bis zu 20 Jahre. Die detaillierte Datenlage erlaubt es, frühzeitige Wartungen vorzunehmen und teure Ausfälle und Reparaturen zu verhindern. Auch im Aftersales-Bereich lassen sich so neue Ertragsquellen erschließen. Als Beispiel wird genannt, dass bei neuen Bauteilen im Markt eine schnelle Abfrage im PDM sämtliche Kunden und deren Produkte auflistet, für welche dieses Bauteil interessant sein könnte. Mit E-Mail-Anfragen durch den Vertrieb kann so effizientes und kundenspezifisches Cross-Selling betrieben werden. Unter Cross-Selling versteht man hierbei das Bemühen, zusätzlich zu einem angefragten Wertversprechen weitere naheliegende Produkte oder Services anzubieten, um höhere Umsätze zu erzielen.

Besonders wertvolle Erkenntnisse können aus dem Austausch mit dem Produktportfoliomanager eines regionalen Unternehmens

3 Kundenkontakt und -kommunikation – Die Rolle des Kunden ...

für KI-basiertes Informationsmanagement gewonnen werden. Das Unternehmen hat es sich zur Aufgabe gemacht, die Erfahrungen aus Projekten mit Großkonzernen auch für mittelständische Unternehmen leicht nutzbar zu machen und den technischen Kundenservice ganzheitlich zu digitalisieren. Die Basis bildet eine **Cloud-basierte Service-Express-Plattform,** welche das unternehmensinterne Wissen zentral organisiert und ähnlich einem „Google für den Service" durchsuchbar macht. Service-Techniker können diese Plattform über eine Team-App von überall aufrufen und binnen Sekunden den vorliegenden Fehler an einer Maschine identifizieren und die entsprechenden Lösungsvorschläge finden. Sollte die Lösung noch nicht bekannt sein, können erfahrenere Kollegen um Rat gebeten oder gleich digital zugeschaltet werden. Die behobenen Probleme werden mittels spezieller Vorlagen durch den Mitarbeiter selbst oder durch eine technische Redaktion aufbereitet und reichern so kontinuierlich das Service-Wissen des Unternehmens an. Laut dem Produktportfoliomanager ist eine zentrale Service-Plattform essenziell, um einen strukturierten Wissenstransfer zu ermöglichen und den sich wandelnden Service-Anforderungen der Kunden im digitalen Zeitalter gerecht zu werden. Zur Orientierung veranschaulicht Abb. 3.5 daher die Breite der Anwendungsmöglichkeiten und die Architektur der entwickelten Service-Plattform.

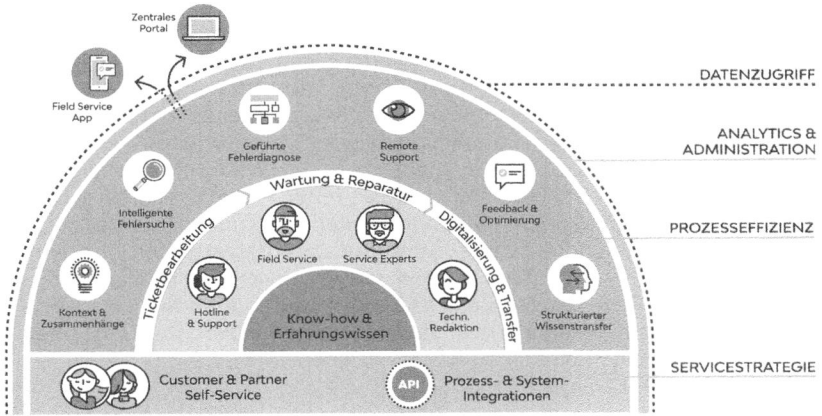

*Copyright: Mit freundlicher Genehmigung der Empolis Information Management GmbH

Abb. 3.5 Darstellung einer ganzheitlichen Service-Plattform. (Quelle: Empolis Information Management GmbH)

Übersicht

Ein wichtiger Erfolgsfaktor besteht darin, die Chancen der Digitalisierung nicht nur technisch zu nutzen, sondern die Kundenkommunikation global und über den Service-Bereich hinaus neu zu denken. Definieren und realisieren Sie Ihren **individuellen Mix aus Kommunikationskanälen**, welcher den Bedürfnissen Ihrer Kunden und den Fähigkeiten Ihres Unternehmens gerecht wird. Bei derart komplexen Projekten empfehlen wir ausdrücklich, die Expertise von im KMU-Kontext erfahrenen Anbietern einzuholen und eine gemeinsame Roadmap zu definieren. Nur wenn die Umsetzung gelingt und von den Kunden akzeptiert wird, können Sie sich von Mitbewerbern differenzieren und gegebenenfalls neue Erlösströme oder Geschäftsmodelle erschließen. Zentrale Service-Plattformen bieten sich hier besonders an.

Durch **regelmäßige Runden mit Kunden** (sogenannte Service-Roundtables) sollten Sie zudem erfragen, inwiefern Sie Ihren Service weiter verbessern können. Das zeigt zum einen Kundennähe, zum anderen auch Ihre Ambitionen, den Kunden in den Mittelpunkt zu rücken und dessen Belange ernst zu nehmen.

Ihr Transfer in die Praxis

- Die Digitalisierung macht den Zugang zum Endverbraucher zum alles entscheidenden Erfolgsfaktor. Große Tech-Giganten sichern sich daher zunehmend diese Schlüsselposition, zwingen ihre Ökosystem-Partner in Zuliefererrollen und greifen dabei sowohl Nutzerdaten als auch Margen ab. Nutzen Sie daher ebenfalls die Möglichkeiten eines digitalen Marketings, um Ihre Wertversprechen effektiver in den Markt zu kommunizieren und im Rahmen von Inbound-Marketing leichter gefunden zu werden. Sammeln Sie vielversprechende Leads im Austausch gegen Premium-Content, etablieren Sie automatisierte E-Mail-Strecken und separieren Sie die Spreu vom Weizen durch digitale Scoring-Systeme, um Ihrem Vertrieb die „reifen Früchte" zu übergeben.
- Ihre Vertriebler verwandeln Interessenten in Kunden und erzielen dabei Umsätze und Gewinne. Sämtliche Datensätze sollten daher im Vertrieb zusammenlaufen. Entscheiden Sie sich für hochkonnektive Schnittstellen bei der Wahl eines CRM-Systems und binden Sie all jene Bereiche Ihres Unternehmens an, in denen Kundendaten entstehen und Kaufimpulse empfangen werden können.

3 Kundenkontakt und -kommunikation – Die Rolle des Kunden ...

- Insbesondere der Bereich Services und Aftersales wird durch die Digitalisierung in diesem Kontext immer interessanter, da Sie hier bereits den begehrten Zugang zum Kunden haben und pflegen. Etablieren Sie daher Plattformlösungen, welche alle Kundenbelange und -daten erfasst und richtig kontextualisiert. Erarbeiten Sie Prozesse, um aus Erkenntnissen Ihrer Servicemitarbeiter neue Erlösströme zu generieren und Ihre Produkte und Dienstleistungen konsequent an die Erwartungen des Marktes anzupassen.

4

Wertschöpfung – Die Digitalisierung als Werkzeug wirtschaftlicher Tätigkeiten

> **Was Sie aus diesem Kapitel mitnehmen**
>
> - Wie Sie die Digitalisierung Ihrer Produktion von Anfang an zukunftssicher und nach dem Vorbild einer Smart Factory angehen können,
> - Wie Sie mit neuen Anforderungen an Ihre Mitarbeiter in der Produktion umgehen und
> - Wie Sie durch digitale Vernetzung in der Wertschöpfung mit einfachen Mitteln große Erfolgspotenziale für sich nutzbar machen können.

Im Fokus wirtschaftlichen Handelns steht stets das Schaffen von Wert. Nur falls ein Unternehmen es schafft, Mehrwert zu generieren und diesen zu kommunizieren, ist es in der Lage, langfristig Geld zu verdienen. Die Relevanz der tatsächlichen Wertschöpfung steht daher außer Frage. Auch in diesem Bereich ergeben sich für den Mittelstand Potenziale, um die Digitalisierung für sich zu nutzen. Wertschöpfung hat dabei viele Facetten, sodass es schwierig ist, allgemeingültige Erfolgsfaktoren für jeden Sektor und jede Branche zu definieren. Der Fokus in diesem Kapitel liegt daher auf den Aspekten der Produktion und der Vernetzung, da sie sich in unseren Studien als besonders wichtig herausstellten.

Innovative Technologien haben besonders in der Produktion viele Veränderungen in Richtung fortgeschrittener Automatisierung gebracht. Moderne Fertigung kennzeichnet sich zunehmend dadurch, dass viele Prozessschritte von Robotern oder anderen Maschinen übernommen werden. Gleichzeitig kristallisiert sich jedoch ebenfalls der Trend heraus, die Produktion durch Software und Assistenzsysteme zu unterstützen. Es findet also eine zunehmende Verflechtung der analogen und digitalen Welt statt, die zum Ziel hat, Produktionsprozesse transparenter und effizienter zu machen. Basis dieser Entwicklungen ist immer der Austausch von Daten. Um die digitale und die analoge Welt zu verbinden, müssen Brücken zwischen ihnen aufgebaut werden. Diese Schnittstellen ermöglichen, dass Produkte ihren Standort und Status kommunizieren und dass Systeme den Produktionsprozess orchestrieren. Wichtig ist jedoch auch hier, das richtige Maß und die optimale Umsetzung der Digitalisierungsmaßnahmen zu finden. Daher werden einige Beispiele digital unterstützter Produktion aus unseren Studien vorgestellt und zudem die Erfolgsfaktoren, die sich für den Mittelstand ergeben. Ein zweiter wichtiger Aspekt sind die Möglichkeiten, die sich durch Vernetzung von Unternehmen ergeben. Die Entwicklung von Wertschöpfungsketten hin zu Wertschöpfungsnetzwerken sowie Konzepte wie die Sharing Economy weisen bereits den Weg hin zu tiefergreifenden Kooperationen. Durch die Vernetzung mit strategischen Partnern lassen sich Netzwerke aufbauen, die mehr Wert schaffen können als die Summe ihrer Einzelteile. Gerade diese Chancen für den Mittelstand sollen Ihnen nähergebracht werden, um Sie dafür zu sensibilisieren, wie Sie zunehmend vernetzt Wertschöpfung betreiben können.

4.1 Produktion – Die Leistungserstellung digital neu denken

In diesem Abschnitt erfahren Sie
- was die Grundlagen smarter Produktion sind,
- wie Ihre Produktion nach dem Vorbild einer Smart Factory weiterentwickelt werden kann,
- wie Sie digitale Erweiterungen für ihre Fertigung nutzbar machen,
- wie Sie Ihre Produktion durch geeignete Softwaresysteme unterstützen können,
- welche Kompetenzen für Ihre Produktionsmitarbeiter im digitalen Zeitalter relevant sind.

Einen der unternehmerischen Kernbereiche, der maßgeblich von der Digitalisierung profitieren kann, stellt die Leistungserstellung bei produzierenden und dienstleistenden Unternehmen dar. Grundlegend wird im Weiteren Produktion als die Transformation von Rohstoffen und Ressourcen in wertgenerierende Produkte und Leistungen definiert. In unseren Studien haben sich zwei zentrale Perspektiven digitalisierter Produktion für KMU herausgestellt, die in Abb. 4.1 dargestellt werden.

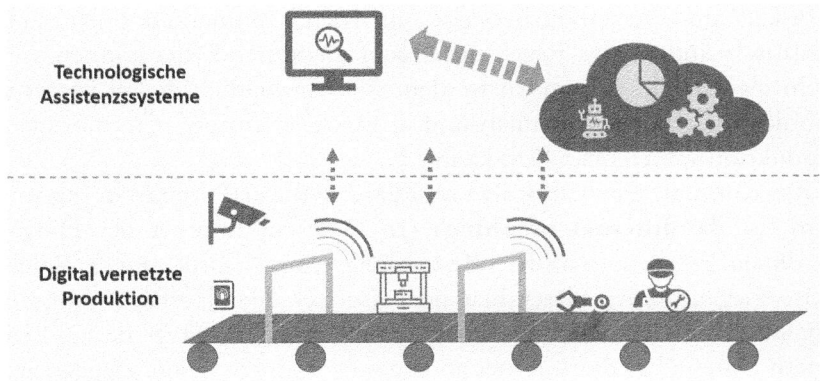

Abb. 4.1 Dimensionen digitaler Produktion

Die Entwicklung der **digital vernetzten Produktion,** wie sie durch die Konzepte der Industrie 4.0 und Smart Factory beschrieben wird, sowie der Aufbau von **technologischen Assistenzsystemen.** Bei den Konzepten der Industrie 4.0 und Smart Factory stehen insbesondere moderne Produktionstechnologien sowie die Vernetzung von Anlagen und Maschinen im Fokus. Bei den Assistenzsystemen werden die Produktionsprozesse durch Technologien und Software durch bessere Nutzung von Daten und Einbindung in die Geschäftsprozesse unterstützt. Im vorliegenden Abschnitt ist insbesondere die Produktion in diesem Kontext von Interesse, Dienstleistungen finden in Abschn. 3.3 (Digitaler Kundenservice) genauere Betrachtung.

Bei digital vernetzter Produktion kommen sogleich Überlegungen zu Smart Factories in den Sinn. Besonders in verschiedenen Forschungseinrichtungen existieren bereits funktionsfähige smarte Produktionsstätten, in denen das Produkt quasi selbstständig durch den Produktionsprozess navigiert wird. Sie zeichnen sich dadurch aus, dass durch die Nutzung von modernen Technologien autonome Prozesse etabliert werden können. Diese Autonomie wird erreicht, indem Maschinen Informationen sammeln und untereinander austauschen. Das Konzept der Smart Factory schließt sowohl Mensch und Maschine als auch die Räumlichkeiten selbst ein und beschäftigt sich mit ihren jeweiligen Rollen und Wechselwirkungen. Komplett eigenständige Fabriken sind verständlicherweise für KMU momentan noch nicht realistisch und in der Regel auch nicht zielführend. Sie können vielmehr als Zielbild verstanden werden, wie ganzheitlich digital vernetzte Fabriken gestaltet sein können und in welche Richtung man die eigene Produktion weiterentwickeln kann.

Ein Konzept, das häufig als Grundlage digitaler Produktion genannt wird, ist das **Internet of Things** (zu Deutsch: Internet der Dinge). In diesem werden sämtliche Bestandteile einer Fabrik, wie beispielsweise Gegenstände, Maschinen oder Geräte, digital erfasst und miteinander vernetzt. Die integrierten Sensoren all dieser Bestandteile liefern Daten über das Internet an angeschlossene Systeme. Gepaart mit einer nachgelagerten Datenspeicherung und -verarbeitung lassen sich so sogenannte Cyber-physische Systeme bilden, die eine bessere Überwachung, Auswertung sowie Steuerung der vernetzten Komponenten erlauben. Weiterhin sind smarte Maschinen, Anlagen und Geräte in diesem Kontext wichtig, da sie über ausreichende Kommunikationsfähigkeiten verfügen, um untereinander und innerhalb des Cyberphysischen Systems Daten bedarfsgerecht auszutauschen. Eine vernetzte Fabrik, sei es nun als gesamthafte Smart Factory oder auch nur einzelne Maschinen mit kommunikationsfähigen Sensoren, erlaubt Ihnen die Überwachung und Optimierung der Anlage. Sie können Ausfälle früher erkennen (siehe auch Abschn. 3.3 Digitaler Kundenservice), Hochlastzeiten identifizieren sowie den Produktionsfluss analysieren und entsprechende Engpässe vermeiden.

Smarte Produktion beinhaltet im Kern das Sammeln und Nutzen von Daten. Dafür müssen Maschinen und Produkte in der Lage sein diese Daten zu sammeln. Es ist jedoch nicht zwingend notwendig, komplett neue Fertigungsmaschinen anzuschaffen. Durch **Retrofitting** ist es möglich, genutzte Maschinen nachzurüsten, um sie dazu zu befähigen, weitere produktionsbezogene Daten zu sammeln. Neue Sensoren können beispielsweise Durchlaufzeiten oder die Anzahl von sich im Prozessschritt befindlichen Einheiten ermitteln. Maschinenbezogene Daten, die Aufschluss über den Zustand geben, können außerdem genutzt werden, um Wartungsaufwände zu antizipieren und Ausfälle zu vermeiden. Zudem ist es wichtig zu beachten, dass für die Vernetzung der Produktion Schnittstellen benötigt werden, um die Kommunikation zwischen Maschinen zu ermöglichen. Digitale Systeme, in denen die Informationen verarbeitet werden und die genutzt werden, um direkten Mehrwert aus ihnen zu generieren, werden später im Kapitel noch näher thematisiert. Retrofitting setzt darauf, bestehende Anlagen länger nutzbar zu machen. Dadurch, dass bereits vorhandene Maschinen nachgerüstet werden, sind die Kosten im Vergleich zu einer Neuanschaffung um einiges niedriger. Des Weiteren ergeben sich zahlreiche ökologische Vorteile, wie die Verlängerung der Lebensdauer der Maschinen und Potenziale ressourceneffizienter Planung.

Neben den Maschinen ist es im Kontext von vernetzter Produktion ebenfalls möglich, dass Sie die **Produkte digital erweitern.** Produkte müssen in einer Smart Factory in der Lage sein, Informationen über ihren Status und ihre Lage im Prozess zu übermitteln.

Diese Informationen können jedoch auch bei einer nicht komplett automatisierten Produktion bereits nützlich sein und eine bessere Kontrolle und Übersicht über die Produktion und separate Fertigungsschritte ermöglichen. Erreicht werden kann das beispielsweise durch Technologien wie RFID und Bluetooth. Erweiterungen dieser Art befähigen Produkte dazu, relevante Informationen zu senden, die durch verschiedene Empfänger und Scanner lesbar werden. Das kann beispielsweise eine Lichtschranke an einer Maschine sein, die aufzeichnet, welche Produkte sie durchlaufen.

Ein weiterer Ansatz digitaler Produktion beschäftigt sich mit der Implementierung von Assistenzsystemen, um digitale Technologien für die Unterstützung moderner Produktion zu nutzen. Das Konzept des **digitalen Zwillings** stellt ein prominentes Beispiel für die digitale Seite der Produktion dar. Beim digitalen Zwilling wird jedem physischen Bestandteil einer Fabrik ein digitales Abbild zugeordnet. Im Rahmen unserer Studie erläuterte der Geschäftsführer eines Robotikunternehmens digitale Zwillinge am Beispiel eines Spaceshuttles für die bemannte Raumfahrt. Während sich die Rakete im All befindet, ist es für die Wissenschaftler auf der Erde kaum möglich, Analysen und Reparaturen am Spaceshuttle vorzunehmen. Daher dient ein digitaler Zwilling dazu, sämtliche Extremsituationen und Notfälle auch vom Boden aus zu simulieren. Im Kontext einer Fabrik oder der Produktion existiert eine Vielzahl digitaler Abbilder von jeder Maschine, jedem Werkzeug, jedem Produkt und sogar dem Fabrikgebäude selbst. Der digitale Zwilling beschreibt hierbei nicht nur die Eigenschaften der physischen Pendants, sondern erfasst und archiviert auch sämtliche Sensor- und Zustandsdaten. Diese Daten, welche in unterschiedlichsten Varianten vorliegen, müssen zudem in ein System überführt und dort gespeichert werden, das diese Daten verarbeiten sowie analysieren kann.

Als niedrigschwelliger Einstieg für die Nutzung digitaler Zwillings-Modelle ist die Einführung eines **Product-Lifecycle-Management-Systems** zu sehen, das relevante Daten über das Produkt sammelt und strukturiert. Die Pflege eines digitalen Abbilds in einem Product-Lifecycle-Management-System ermöglicht nicht nur eine effizientere Produktion, sondern auch neue Geschäftsmodelle, die den Kunden stärker mit einbeziehen. Es ist oft eng mit dem Produktdatenmanagement des Unternehmens verwoben (siehe auch Abschn. 3.2 Vertrieb). Jegliche produktbezogenen Daten werden in solchen Systemen zentral gespeichert und stehen zu jeder Zeit zur Verfügung. Dies beinhaltet Informationen zu Entwicklung, Nutzung, Wartungsintervallen und Entsorgung. Es wird also eine komplette Transparenz der Produktion und des Produktes selbst geschaffen, die allen relevanten Mitarbeitern die richtigen Daten zur Verfügung stellt. Gerade die zentrale Speicherung aller wichtigen Daten nannte ein Hersteller von Industriepumpen als essenziellen Erfolgsfaktor all ihrer Digitalisierungsbestrebungen.

Beide Dimensionen digitaler Produktion zusammenzubringen kann unterschiedliche Formen annehmen. Ein Beispiel sind **smarte Produkte,** die sowohl auf dem Modell des digitalen Zwillings als auch dem Internet of Things basieren. Der digitale Zwilling beinhaltet bereits vor der Produktion alle relevanten Daten über die Beschaffenheit und den erforderlichen Produktionsprozess des physischen Pendants. Im Zeitalter der digitalen Transformation besteht ein immer größer werdendes Interesse an individualisierten Produkten, wodurch klassische Produktionsstraßen an Relevanz verlieren. Beispielsweise beim Bau eines einzelnen Automodells existieren mehrere Millionen individuelle Kombinationsmöglichkeiten der auswählbaren Konfigurationen. Durch das Konzept smarter Produkte sollen Smart Factories der Zukunft in die Lage versetzt werden, verschiedenste Produktionsschritte in beliebiger Reihenfolge an verschiedenen Produkten auszuführen. Der Geschäftsführer eines Produzenten für Fertigungsanlagen erklärt dies am Beispiel eines smarten Produkts, das den Produktionsprozess A bereits durchlaufen hat und nun auf eine freie Maschine für den anstehenden Prozessschritt B wartet. Auf Basis aktueller Statusdaten im Cyber-physischen System kann das smarte Produkt nun entscheiden, ob eine mögliche Wartezeit in Kauf genommen wird oder ob es eventuell schon einen weiteren Prozessschritt C oder D durchläuft, sofern B für diesen nicht vorausgesetzt wird. Bei erfolgreicher Implementierung ermöglichen smarte Produkte in Kombination mit den weiteren zuvor genannten Technologien so eine dezentrale Steuerung der Fertigung.

Eine spürbare Veränderung erfährt auch die Rolle der Produktionsmitarbeiter, erklärt der Produktionsleiter eines Biotechnologieunternehmens im Rahmen unserer Studien. Laut diesem nimmt die Anzahl jener Mitarbeiter, welche selbstständig Arbeiten am Produkt vornehmen, durch die zunehmende Automatisierung bereits seit Jahren ab, obwohl die Anzahl seiner Mitarbeiter in der Fabrik nahezu konstant bleibt. Ein Grund dafür kann der zunehmende Anteil überwachender sowie instandhaltender Tätigkeiten sein, wie auch Aufgaben im Kontext der Vernetzung und des Auf- und Umbaus der Maschinen. Die qualifikatorischen Anforderungen an die Mitarbeiter nehmen im digitalen Kontext deutlich zu, weshalb wir Ihnen stetige Weiterbildungen in diesem Kontext für Ihr Personal empfehlen (siehe auch Abschn. 5.2 Personalmanagement und Unternehmenskultur). Neuartige Produktionstechnologien wie der 3D-Druck oder Lösungen im Bereich der Augmented Reality, wie z. B. digitale Service- und Anlernprogramme, fordern auch von Produktionsmitarbeitern ein immer tiefergehendes Verständnis digitaler Technologien.

Das Sammeln von Daten und deren Nutzung für die Erstellung personalisierter Produkte, Services oder Vorschläge erleichtert auch die Dokumentation von Kaufvorgängen, Produkten und Dienstleistungen. Aber auch die Dokumentation und Speicherung relevanter Daten zu Produktionsanlagen, Geschäftsvorgängen in der Leistungserstellung und vielen weiteren Aspekten bieten umfassende Möglichkeiten zur Nutzung, um das Wertversprechen weiter zu verbessern, die Produktion zu optimieren oder Ausfallzeiten zu verhindern. Eine digitale Datenbank mit allerhand anonymisierten Daten kann ein wahrer Schatz für Analysen sein. Mit statistischen Modellen können so Anlagenausfälle prognostiziert, Produktionsengpässe identifiziert oder Effizienzsteigerungen in der Leistungserstellung durch Digitalisierung ermöglicht werden. Sie können hierfür auf bereits existierende Software zurückgreifen, die Sie lediglich mit Ihren Parametern füttern und pflegen müssen. Auf diese Weise haben beispielsweise viele Online-Shop-Lösungen solche Mittel bereits integriert.

Der Weg, die eigene Produktion in eine smarte Fabrik zu überführen, ist aufwendig, langwierig und äußerst komplex. Daher ist es ratsam, dieses Vorhaben Schritt für Schritt anzugehen. Identifizieren Sie die für Ihr Unternehmen richtigen Maßnahmen und ergreifen Sie sie nacheinander. Die omnipotente Smart Factory soll in diesem Abschnitt lediglich als ein Zielbild in weiter Ferne fungieren, um Sie dafür zu sensibilisieren, wo die Reise hingehen kann. Im Zeitverlauf kann sich dieses langfristige Ziel stets verändern und bedarf daher regelmäßiger Reflektion. Was Sie mitnehmen sollten, ist der Apell, dass diese Reise derzeit weltweit stattfindet und es wichtig ist frühzeitig einige Grundsteine zu legen. Binden Sie Überlegungen zur Produktion bewusst in die strategischen Ziele und Planungen mit ein und identifizieren Sie die für Ihr Unternehmen beste Umsetzung. Auch hierbei können Kompetenzen des eigenen Unternehmens der Schlüssel zum Erfolg sein. Setzen Sie daher auf Weiterbildung der Produktionsmitarbeiter oder akquirieren Sie notwendige Kompetenzen von außerhalb.

4.2 Vernetzung – Digitalisierung als Treiber von Kooperation

In diesem Abschnitt lernen Sie
- wie Sie durch Vernetzungsansätze Wissensvorsprünge generieren können,
- wieso Netzwerke durch digitale Technologien an Relevanz gewonnen haben,
- wie Sie sich selbst vorteilhaft in Netzwerken positionieren können,
- wie Sie auch Bestandsmaschinen in vernetzte Strukturen einbinden können.

In einer digital vernetzten Welt ist es kaum verwunderlich, dass Netzwerke zwischen Unternehmen ein großer Erfolgsfaktor für KMU sind. Dabei können Netzwerke eine Vielzahl von Formen annehmen. Eine sehr bekannte und im Mittelstand etablierte Form sind hier beispielsweise Verbünde.

Generell haben Netzwerke immer das Ziel, gewinnbringende Kooperationen zu ermöglichen, und im Zentrum steht dabei zumeist das Teilen oder Austauschen von Ressourcen. Wissensnetzwerke beispielsweise basieren, wie der Name es bereits nahelegt, auf dem Austausch von Wissen und Informationen. Verschiedene Unternehmen bringen dabei ihr Wissen ein, sodass jeder Netzwerkteilnehmer vom Ergebnis profitiert. Das eingebrachte Wissen wird durch andere Netzwerkteilnehmer ergänzt und bildet in Summe eine wertvolle Ressource für das gesamte Netzwerk. Solche Wissensnetzwerke ermöglichen Ihnen den Zugang zu einer Wissensbasis, den Sie ohne solche Kooperationen nur mit erheblichem Aufwand erreichen könnten. Skaleneffekte großer Unternehmen mit eigenen Marktforschungsabteilungen und erheblich größeren Ressourcen können durch solche Vernetzungen nachgeahmt werden. Die teilnehmenden Unternehmen bei solch einer Vernetzung können im selben Markt agieren, können sich aber auch an unterschiedlichen Punkten der Wertschöpfung befinden.

Wissensnetzwerke sind dabei jedoch nicht die einzige Form der erfolgsversprechenden Vernetzung im Mittelstand. Zulieferer, Produzenten und Händler können beispielsweise sehr davon profitieren, die Sichtweisen der jeweils anderen Akteure einzuholen. Gerade über die Länge der Wertschöpfung hinweg bieten sich etwaige Potenziale enger vernetzt zusammen zu arbeiten und dadurch effizienter und besser zu wirtschaften. Indem beispielsweise gemeinsame Vorprodukte beschafft werden, können Skaleneffekte auch für kleinere Abnehmer erzielt werden. Solche Potenziale zu nutzen, ist das Ziel von Ansätzen wie der Shared Production (zwischen Unternehmen geteilte Produktionskapazitäten) und der Vernetzung unterschiedlicher Akteure über die gesamte Wertschöpfung hinweg. Beide Kooperationsformen haben in den letzten Jahren zunehmend an Relevanz gewonnen. Auf der einen Seite nimmt die Komplexität der Wertschöpfung zu, auf der anderen Seite ermöglichen moderne Technologien und digitale Werkzeuge immer transparentere und effizientere Vorgänge. Netzwerke sind daher für viele Unternehmen kaum noch wegzudenken. Die Nutzung dieser Strukturen ist für Sie ein potenziell relevanter Ansatz, um nachhaltig erfolgreich zu wirtschaften.

Im alltäglichen Wirtschaften stehen Unternehmen bei fast jeglicher Tätigkeit in Abhängigkeiten zu anderen Akteuren. Unternehmen ergänzen sich in ihrer Leistungserstellung in vielen Aspekten. Ein Produkt, das funktionsfertig aus der Produktion eines Unternehmens hervorgeht, wurde in den allermeisten Fällen durch das Zusammenspiel mehrerer Akteure wie Rohstofflieferanten, Logistikdienstleistern oder Veredelungsdienstleistern erst ermöglicht. Diese Stufen der Produktion, ehemals als geordnete Aneinanderreihung von miteinander verbundenen Tätigkeiten in einem Prozess wahrgenommen, wurden lange Zeit als Wertschöpfungskette angesehen. Ein Trend, der sich in den letzten Jahren gezeigt hat, ist die zunehmende Komplexität der Wertschöpfung. Die fortschreitende Digitalisierung und damit die stärkere Vernetzung hat dafür gesorgt, dass diese nicht mehr geradlinig als Kette angesehen wird. Zumeist wird inzwischen das Verständnis geteilt, dass Unternehmen sich in sogenannte **Wertschöpfungsnetzwerke** einbetten. Im Vergleich zu Wertschöpfungsketten basieren diese nicht auf der Annahme eines geradlinigen Produktionsprozesses, vielmehr liegt ihnen der Gedanke eines wertstiftenden Netzwerks mit dem Kunden im Fokus zugrunde. Bildlich gesprochen findet die Kommunikation also nicht nur mit den Gliedern vor und hinter dem eigenen Unternehmen in der Kette statt, sondern man hat als Unternehmen Berührungspunkte mit unterschiedlichen Partnern entlang des wertschöpfenden Prozesses. Ein Beispiel für eine derartige Verknüpfung ist bei einem Transportdienstleister im Bereich des Schüttguttransportes zu sehen. Das Unternehmen agiert in einem Netzwerk mit mehreren Transportunternehmen sowie unterschiedlichen Schüttgutdeponien. Mit dem Eingang einer Kundenanfrage zum Abtransport von Schüttgut werden die unternehmenseigenen Transportkapazitäten auf Verfügbarkeit hin geprüft. Gleichzeitig werden Deponiekapazitäten angefragt, zu denen das Schüttgut zur Weiterverarbeitung transportiert werden könnte. Häufig sind die unternehmensinternen Transportkapazitäten in nicht ausreichendem Umfang vorhanden. In einem solchen Falle kann das Unternehmen im Netzwerk Transportkapazitäten anfragen und diese Transportkapazitäten mit einem automatischen, zuvor vereinbarten Verrechnungssatz abrufen. Diese Form der Kooperation wird auch als **Coopetition,** ein Begriff der sich aus den Worten Kooperation (im Englischen cooperation) und Wettbewerb (im Englischen Competition) zusammensetzt, bezeichnet. Die kooperierenden Transportdienstleister konkurrieren im Markt um die Aufträge der Kunden, kooperieren jedoch bei der Auftragserfüllung, wie im beschriebenen

Beispiel. Gleiche Mechanismen stehen dem Unternehmen bei der Wahl der Deponien zur Verfügung. Auch hier ist es möglich Kapazitäten zu verlagern, sollte eine bestimmte Deponie nicht ausreichend Lager- und Verarbeitungskapazitäten für eine bestimme Sorte des Schüttguts haben. Durch die kundenzentrierte Vernetzung zur Erbringung der Leistung im Netzwerk, entsteht sowohl für den Kunden als auch für die im Netzwerk beteiligten Unternehmen eine deutlich flexiblere Grundlage der Planung und Werterstellung.

Die daraus resultierende Verflechtung unternehmerischer Leistungen erschafft jedoch auch zwangläufig zusätzliche **Schnittstellen zwischen Unternehmen,** an denen und durch die die Leistungserbringung erst effizient gestaltet wird. Je nach Komplexität einer Leistung und abhängig von der Dringlichkeit stellen diese Schnittstellen eine Schwachstelle in einer Wertschöpfungskette dar. Diese Schwachstellen sind ebenfalls in Wertschöpfungsnetzwerken vorhanden, sind in diesem Kontext jedoch deutlich weniger kritisch, da sie durch die Vernetzung mit anderen Akteuren im Netzwerk abgesichert werden. Auch hierin ist ein Treiber für die Umstellung von Wertschöpfungsketten auf Wertschöpfungsnetzwerke zu sehen. Durch ungenügende Abstimmung der Prozesse können Probleme wie zeitliche Verzögerung, falsche Produktspezifikationen oder nicht ausreichende Liefermengen auftreten. Das Management der eigenen Wertschöpfung ist daher ein wichtiger Aspekt, den Sie bei der Verfolgung solcher Ansätze beachten sollten. Zu einem erfolgreichen Management gehören einige zu berücksichtigende Aspekte, wie beispielsweise die eigene Position und Rolle im Netzwerk, sowie die Beziehung zu anderen Netzwerkteilnehmern. Es kann ratsam sein, dass Sie sich zeitweise das eigene Wertschöpfungsnetzwerk vergegenwärtigen und dafür sensibel bleiben, welche Möglichkeiten der Optimierung existieren. Diese Form der Reflektion eigener Prozesse hat auch das zuvor beschriebene Transportunternehmen an den Anfang der Identifikation einer geeigneten Digitalisierungsstrategie gestellt.

Wenn man die Rolle des eigenen Unternehmens erörtern möchte, passiert das stets in Bezug zu den anderen Teilnehmern im Netzwerk und wird dadurch verkompliziert, dass es zu reflektieren gilt, wie man mit diesen interagieren möchte. Um sich besser zu vernetzen und die Position zu stärken hat sich gezeigt, dass gezielte **strategische**

Partnerschaften ein bewährtes Mittel sein können. Grundsätzlich können diese als enge Beziehungen betrachtet werden, die darauf abzielen, durch vertrauensvolle Zusammenarbeit langfristige Synergien und Vorteile für die Beteiligten zu schaffen. Häufig sieht man diese Partnerschaften über verschiedene Stufen der Leistungserstellung hinweg, wie etwa zwischen Zulieferern und Produzenten in der Automobilindustrie (z. B. Bosch und Daimler). Teilweise können auch Mittelständler auf diese Weise Skaleneffekte erreichen, die größere Unternehmen durch ihre Marktmacht haben, und so die Konditionen für alle Beteiligten verbessern. Häufig geht dies mit dem zuvor beschriebenen Wissenstransfer einher, weil ein Unternehmen zwangsläufig „näher" am Endkunden ist und daher genauere Kenntnisse über dessen Bedürfnisse hat. Denkbar ist aber auch die gegenseitige Sicherung der Marktmacht sowie dei Reduktion des Risikos durch Exklusivverträge mit verbesserten Preisen und Garantien von Abnahmen. Im Rahmen unserer Studien wurden die richtigen Partnerschaften als ein Erfolgsfaktor für homogenes Wachstum angeführt. Dabei lag die Betonung klar auf „richtige" Partner. In vielen Fällen sind KMU bei ihrer Digitalisierung auch von anderen Unternehmen wie Zulieferern und Dienstleistern abhängig, weshalb gute Partnerschaften für zukunftsfähiges Handeln unerlässlich sind. Daher sollten Sie versuchen, die Partnerschaften mit verlässlichen Unternehmen durch gemeinsame Planungs- und Abstimmungsaktivitäten zu stärken. Durch eine starke Bindung zu diesen Partnern ist es Ihnen möglich, auch gemeinsame Digitalisierungsmaßnahmen anzustoßen und über die eigenen Unternehmensgrenzen Effizienzgewinne zu erzielen. Eine solche zusätzliche Vernetzung mit Teilnehmern eines Netzwerks stärkt Ihre eigene Position und legt den Grundstein für kooperative Wertschöpfung.

Die Kooperation über Unternehmensgrenzen hinweg stellt KMU vor die Herausforderung, Schnittstellen zu verwalten und Ineffizienzen, die durch die Abhängigkeit von anderen Organisationen auftreten können, zu verhindern. Um diesen Herausforderungen entgegenzutreten, ist das **Orchestrieren,** also das Koordinieren und effiziente Abstimmen von Produktions- oder Wertschöpfungsschritten ein effektives Hilfsmittel. Diese Abstimmung kann auf verschiedenen Ebenen betrachtet werden, nämlich sowohl intern als auch extern. Intern müssen die eigenen wertschöpfenden Tätigkeiten koordiniert werden, um eine Leistungserstellung optimal zu gestalten. Gerade durch die Nutzung von Prozessdaten und durch die erhöhte Transparenz durch die Digitalisierung wird es Ihnen erleichtert, die eigenen Arbeitsschritte zu analysieren und das Zusammenspiel dieser Arbeitsschritte effizienter zu gestalten. Dieses Zusammenspiel ist ein weiterer wichtiger Erfolgsfaktor der Digitalisierung.

Erreicht werden kann eine zunehmende Vernetzung von Produktionsmaschinen beispielsweise durch Maßnahmen des sogenannten **Retrofittings.** Dabei werden nicht-digitale Maschinen mit modernen Technologien aufgerüstet. Dadurch können Sie nützliche Daten wie etwa Durchlaufzeiten erheben und die Kommunikation von Maschinen untereinander ermöglichen. Durch solche ergänzenden Informationen über Prozesse ist ein effizientes Orchestrieren der angrenzenden Tätigkeiten möglich und die Gesamtplanung kann verbessert werden. Ein derartiges Vorgehen hat ein Unternehmen im Bereich der Press- und Stanzverfahren für Karton verfolgt, indem es alte Stanzmaschinen mit Sensoren zur Gewichtsmessung der Kartonrollen nachgerüstet hat. Diese Daten wurden automatisiert an das Lagersystem und den Zulieferer weitergeleitet, wodurch sowohl das Tauschen der Rollen als auch das Beliefern des Lagers durch den Zulieferer aufeinander abgestimmt werden konnten.

Über die Unternehmensgrenzen hinweg ist ein Orchestrieren des Wertschöpfungsnetzwerks ein zentraler Faktor erfolgreicher Vernetzung, der erst durch den Fluss von Informationen zwischen Unternehmen ermöglicht wird. Für Partner wird somit die Transparenz erhöht und durch den verstärkten Informationsaustausch können schon frühzeitig Tätigkeiten in unterschiedlichen Unternehmen aufeinander abgestimmt werden. Da diese Abstimmung insbesondere bei komplexen Produkten und Produktionsprozessen meist mit sehr großen Informationsmengen einhergeht, stellt der manuelle und persönliche Austausch von Informationen nur bedingt einen Lösungsansatz dar. Im Gegensatz dazu ist der digitale und automatisierte Austausch von Informationen im Zuge der Digitalisierung ein erfolgversprechendes Werkzeug, um die Informationsmengen im benötigten Umfang zwischen Unternehmen zu transferieren. Ein Beispiel für eine solche Lösung wäre die direkte Vernetzung von Produktionsanlagen zwischen Unternehmen, wie es im Zuge unserer Studien ein Unternehmen aus der metallverarbeitenden Industrie vorgenommen hat. Unterschiedliche Lösungen können von der Vernetzung von Informationsmanagement-Systemen zum gegenseitigen Abgleich von Produktspezifikationen bis hin zur vollautomatisierten Vernetzung durch Maschinenkommunikation, wie in unserem Beispiel geschehen, zwischen Unternehmen reichen. Durch derartige Vernetzungen minimieren Sie die Fehleranfälligkeit durch mangelhaft aufeinander abgestimmte Prozesse und ermöglichen große Effizienzgewinne bei passender Nutzung im Prozess der Leistungserstellung.

Einen solchen Ansatz, wie zuvor bereits angedeutet, verfolgt auch das metallverarbeitende Unternehmen, das in einer der von uns durchgeführten Studien befragt wurde. Das Unternehmen hat bereits früh festgestellt, dass die Schnittstellen zwischen dem eigenen Unternehmen und den Lieferanten, sowie auch zu den Abnehmern der eigenen Produkte große Unsicherheiten in den Produktionsprozess einführen und eine hohe Fehleranfälligkeit besaßen. Daraufhin hat das Unternehmen die Enterprise-Ressource-Planning-Systeme (ERP-Systeme) zur Warenwirtschaftsplanung mit den gleichartigen Systemen seiner Lieferanten und Abnehmer verknüpft, wodurch Produktspezifikationen, Mengen und Lieferzeiten automatisch in Echtzeit synchronisiert werden konnten. Dadurch, dass die produktspezifischen Informationen allen Partnern im Netzwerk in Echtzeit zur Verfügung standen, konnten Prozesse über Unternehmen hinweg sehr viel präziser geplant werden. In einem nächsten Schritt hat das Unternehmen die eigenen Produktionsmaschinen mit den Maschinen der Zulieferer vernetzt, wodurch automatisiert Informationen über den Produktionsstatus einzelner Produkte geteilt und aufeinander abgestimmt werden konnten. Auch hier war eine deutlich präzisere Planung der Produktionsabläufe, insbesondere unter Berücksichtigung von Rüst- und Produktionszeiten die Folge.

Als Treiber für eine Vernetzung kann es unterschiedliche Faktoren geben. Unsere Studie zeigt, dass neben der Suche nach Effizienz auch der Kunde als Treiber einer Vernetzung auftreten kann. Verdeutlicht wurde dies durch die Aussage eines Präzisionsmaschinenherstellers, dessen Geschäftsführer anmerkte: „Bei uns haben die Kundenanforderungen die Maschinen in die Vernetzung gezwungen". So haben die Kunden die Anforderung an das Unternehmen gestellt, die Produktionsmaschinen digital zu vernetzen, um den eigenen Dokumentationspflichten gerecht zu werden. Auch dieser Vernetzungsansatz führte nach erfolgreicher Inbetriebnahme zur Reduktion zeitaufwendiger, monotoner Arbeit in Form von Dokumentationen und daraus folgend zu hohen Effizienzgewinnen.

Die konkrete Umsetzung einer Vernetzung dieser Art kann unterschiedlich komplex ausfallen. Je nach Anzahl von Industriepartnern, Umfang des Informationsbedarfes und den Anforderungen der Systeme kann die Vernetzung von Produktionsprozessen eine tiefgreifende Umstrukturierung von IT-Infrastrukturen zur Folge haben. Gleichzeitig können aber auch niedrigschwellige erste Ansätze große Erfolge herbeiführen, wie das Beispiel eines Nutzfahrzeugherstellers zeigt. Ursprünglich wurde hier der Austausch von Informationen mit Lieferanten und Abnehmern forciert, indem ein geteiltes Cloud-Laufwerk implementiert wurde, auf dem zu teilende Informationen in zuvor gemeinsam definierten Datenstrukturen geteilt wurden. Bereits diese leicht umsetzbare sowie einfach zugängliche Lösung zur Vernetzung der Wertschöpfungskette erzielte für alle Beteiligten große Erfolge, woraufhin derzeit der Ausbau der Vernetzungsinfrastruktur in Abstimmung mit den beteiligten Akteuren vorangetrieben wird.

> **Übersicht**
>
> Es hat sich gezeigt, dass effiziente Vernetzung in der Regel mit erhöhter **Transparenz** einhergeht. In komplexen Wertschöpfungsnetzwerken ist es ein wichtiger Faktor, dass Sie den richtigen Personen zur richtigen Zeit die richtigen Informationen anbieten können. Durch bessere Informationen im Netzwerk können alle Teilnehmer besser planen und ihre Prozesse aufeinander abstimmen.
>
> Sie profitieren insbesondere davon, wenn **kooperative Digitalisierungsmaßnahmen** eingeführt werden. Die Zusammenarbeit mit strategischen Partnern können Sie vertiefen, indem gemeinsame digitale Schritte ergriffen werden, um so eine stärkere Vernetzung zu erreichen.

Der Grad digitaler Vernetzung kann somit nach und nach gesteigert werden und Sie können von gemeinsamen Erfahrungen profitieren.

Ebenfalls relevant ist die richtige **Koordination des Netzwerks**. Dabei geht es darum, dass Sie sich ein Netzwerk von Partnern aufbauen und die Leistungserstellung nach Bedarf optimal dirigieren. Die Rolle des eigenen Unternehmens ist dabei also eher die des Organisators im Netzwerk, um die kollektive Leistungserstellung zu optimieren.

Ihr Transfer in die Praxis

- Auch die Wertschöpfung im Unternehmen wird von digitalen Technologien maßgeblich beeinflusst. Produkte werden smart, teilweise autonom gefertigt und um ergänzende digitale Services komplettiert. Um mit den Entwicklungen nachhaltig auf Augenhöhe bleiben zu können, bieten sich Ihnen auch bereits durch einfache Lösungen große Potenziale. So lassen sich beispielsweise durch Retrofitting von Sensoren an Bestandsmaschinen Daten aus der Produktion in digitale Systeme integrieren, wodurch Sie wertvolle Erkenntnisse und Informationen in Ihre Produktionsplanung miteinbeziehen können. Wichtig ist, dass Sie in der Umsetzung einen Schritt nach dem anderen tätigen und diese Schritte kontinuierlich vor einem vordefinierten Zielbild evaluieren. Die Digitalisierung sollte insbesondere in einem komplexen Bereich wie der Produktion auch in der strategischen Planung des Unternehmens Betrachtung finden.
- Informationen stellen in Zeiten der Digitalisierung einen zentralen Schlüssel zum Erfolg dar. Somit ist es für Sie essenziell, dass die richtigen Personen Zugang zu den richtigen Informationen zur richtigen Zeit haben. Dieses Ziel können Sie durch die Bildung von Wertschöpfungsnetzwerken verfolgen. Durch den Informationsaustausch im Netzwerk können Sie und andere Netzwerkteilnehmer effizienter und präziser planen. Da diese Vernetzung maßgeblich von digitalen Technologien profitiert, kann es hilfreich sein, wenn Sie Digitalisierungsmaßnahmen in Absprache mit anderen Netzwerkpartnern angehen. Mit einem bestehenden Netzwerk wird die Koordination von Leistungen und Netzwerkpartnern ein weiteres Erfolgskriterium. Sehen Sie sich in diesem Kontext mit Ihrem Unternehmen auch in der Rolle des Organisators, der die kollektive Leistungserstellung optimiert.

5

Organisation – Veränderungen verstehen und gestalten

> **Was Sie aus diesem Kapitel mitnehmen**
>
> - Wie Sie Ihre Prozesse effektiv auf die Digitalisierung abstimmen und durch Optimierungen Zeit und Kosten sparen.
> - Warum und wie Sie zielgerichtet Ihre Mitarbeiter in Ihre Digitalisierungsambitionen einbeziehen sollten.
> - Welche Managementpraktiken sich besonders eignen, um Ihre Unternehmung auch im schnelllebigen, digitalen Zeitalter handlungsfähig und steuerbar zu machen.

Die Organisation kann als Körper und Geist einer Unternehmung betrachtet werden. Ähnlich wie das Skelett des Menschen definieren die Strukturen und Hierarchien, die in einer Organisation vorherrschen und sowohl formal als auch informal auftreten, welche Bewegungen Ihr Unternehmen tätigen kann – und welche nicht. Obwohl der Vergleich stellenweise hinkt, da sich Unternehmensstrukturen zum Beispiel derzeit besser verändern lassen als unser Körper, liegt auch die etymologische Herkunft nahe, da das Wort Organisation unter anderem auf das französische *organe* zurückgeht, was als „mit Organen versehen" oder „zu einem lebensfähigen Ganzen zusammenfügen" übersetzt werden kann.

In diesem Kapitel stellen wir Ihnen Organisationsaspekte hervor, die sich insbesondere im digitalen Zeitalter als erfolgskritisch identifizieren lassen. Um im Rahmen der Metapher zu bleiben, können die internen Prozesse als jene biochemischen Reaktionen unseres Körpers verstanden werden, die in allen Bereichen auftreten und unser Überleben ermöglichen. Im Gegensatz zu den über Millionen von Jahren optimierten Prozessen in unserem Körper bieten interne Geschäftsprozesse im digitalen Kontext aber enormes Potenzial für Verbesserungen. Die Unternehmenskultur wiederum beschreibt den Geist, der Ihr Unternehmen beseelt. Abschließend sei noch das Management, in der Analogie das Gehirn, in Organisationen hervorgehoben. Dieses beschreibt Praktiken, Routinen, Rollen und Hierarchien, welche Sie nutzen können, um Ihre Mitarbeiter und Bereiche zur Zielerreichung zu befähigen. In unserem Körper sind viele dieser Entscheidungen evolutionär ausgefeilt. Während wir unsere Beine beispielsweise sehr direkt ansteuern können, um uns in eine gewisse Richtung zu bewegen, übernimmt unser Herz seinen alltäglichen Job ganz autonom – wir freuen uns einfach, dass es schlägt. Gerade im digitalen Kontext kommt dieser agilen Selbstorganisation eine wachsende Bedeutung zu.

5.1 Interne Prozesse – Digitalisierung von Geschäftsprozessen

> **In diesem Abschnitt erfahren Sie**
> - warum die Digitalisierung Ihrer Geschäftsprozesse einen der ersten und wichtigsten Schritte im Rahmen Ihrer Digitalisierungsstrategie darstellen sollte,
> - wie Sie Ihre vorhandene Prozesslandschaft systematisch analysieren und visualisieren können,
> - warum die Digitalisierung Ihrer Geschäftsprozesse die beste Chance ist, diese zu optimieren und neu zu denken,
> - nach welchen Kriterien Sie die Digitalisierung Ihrer Prozesse priorisieren sollten.

Geschäftsprozesse sind ein essenzieller, branchenübergreifender Erfolgsfaktor für jedes Unternehmen, deren Optimierung als erster Schritt im Zentrum einer Digitalisierungsstrategie stehen sollte. Ein Geschäftsführer eines Maschinenbauunternehmens äußerte im Rahmen unserer Studien, dass für sein Unternehmen das Geheimnis der Digitalisierung in der **Automatisierung von Geschäftsprozessen** verborgen liegt. Die Effizienzsteigerungen durch die Digitalisierung repetitiver Prozesse bringen signifikante Kosteneinsparungen mit sich. Als noch entscheidender stuft er jedoch die Entlastungen seiner Mitarbeiter im Unternehmen ein. Durch die so entstehenden freien Kapazitäten können weitere Prozesse optimiert und digitalisiert werden, wodurch sich eine wachsende Digitalisierungswelle im Unternehmen ausbreitet. Die Digitalisierung von Geschäftsprozessen bietet daher enormes Potenzial, um Wirtschaftlichkeit, Sicherheit und die allgemeine Geschwindigkeit von Unternehmen zu steigern.

Hierbei sollten Sie jedoch beachten, dass sich bei der Digitalisierung Ihrer Geschäftsprozesse die exklusive Möglichkeit bietet, sämtliche Prozesse zunächst zu hinterfragen, bevor Sie sie digital abbilden. Gleich mehrere Teilnehmer der Studie unterstreichen die Aussage, dass es wichtig ist „nicht den zweiten Schritt vor dem ersten zu gehen", wie der Geschäftsführer eines Unternehmens der Druckbranche anmerkte, und relevante Prozesse zunächst einmal zu sammeln, zu visualisieren und eine Prozesslandkarte der wichtigsten Geschäftsprozesse zu erstellen. Darauf folgend werden die wichtigsten Prozesse priorisiert und Optimierungspotenziale, vor allem mit Fokus auf die Digitalisierung, erarbeitet. Erst im Folgeschritt wird mit der eigentlichen Digitalisierung begonnen. Das hat zum Vorteil, dass die Digitalisierungsambitionen genutzt werden, um die Prozesse und Vorgehensweisen auf den Prüfstand zu stellen, kritisch zu beleuchten und schlankere Prozesse zu erarbeiten. Um im Rahmen Ihrer Prozessdigitalisierung den größten Mehrwert zu erreichen, bietet Abb. 5.1 ein systematisches Vorgehen, welches wir aus den Ergebnissen unserer Studie ableiten konnten.

Um Ihre vorhandenen Prozesse zu **sammeln,** bietet es sich zunächst an, ein einheitliches Verständnis davon zu schaffen, was einen Prozess charakterisiert. Im Folgenden beziehen wir uns bei Prozessen beziehungsweise Geschäftsprozessen auf mehrere, logisch miteinander

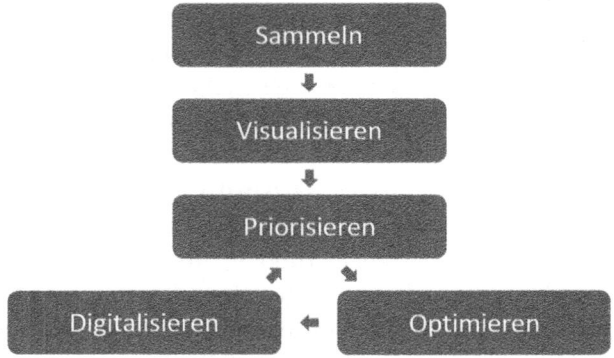

Abb. 5.1 Vorgehen zur Prozessoptimierung

in Verbindung stehende Arbeitsabläufe, die auf die Erreichung eines betrieblichen Ziels ausgerichtet sind. In der Regel werden Geschäftsprozesse durch bestimmte Ereignisse ausgelöst und können dabei selbst Bestandteil, Auslöser oder Ergebnis eines anderen Geschäftsprozesses sein. Da Geschäftsprozesse häufig über die Abteilungsgrenzen hinweg wirken, sind insbesondere die Schnittstellen zwischen den betrieblichen Funktionen, zum Beispiel Beschaffung, Produktion, Verwaltung, Finanzierung oder Vertrieb, von besonderer Bedeutung.

Um den Ist-Zustand der aktuellen Prozesslandschaft Ihres Unternehmens zu erfassen, gilt es zunächst die wichtigsten Prozesse im Unternehmen zu identifizieren, zu benennen und zu visualisieren. Als hilfreich hat sich laut einem Geschäftsführer eines Bauunternehmens herausgestellt, möglichst alle an den betroffenen Prozessen beteiligten Akteure einzubeziehen, um den tatsächlichen Ablauf abzubilden. Durch das **Sammeln und Visualisieren** stellen Sie die Prozesse transparent und übersichtlich dar, was es später ermöglicht, verschiedene Digitalisierungspotenziale zu erarbeiten, aufzuzeigen und miteinander zu vergleichen. Nur wenn bereits vorhandene Prozesse und deren gegenseitigen Abhängigkeiten sauber erfasst und übersichtlich dargestellt werden, können später fundierte Digitalisierungsentscheidungen getroffen werden.

5 Organisation – Veränderungen verstehen und gestalten

Hier bietet es sich an, die relevantesten Kernprozesse (zum Beispiel aus Marketing, Vertrieb, Produktion oder Service) mit den entsprechenden Unterstützungsprozessen (zum Beispiel Logistik, Controlling, Personal etc.) abzugleichen und deren Schnittpunkte grafisch darzustellen. Als erste Maßnahme eignet sich ein Workshop mit den jeweiligen Entscheidungsträgern und auch Durchführenden der wichtigsten Unternehmensbereiche und der Geschäftsführung. Ziel dieses Workshops sollte es sein, möglichst objektiv die essenziellen Wertschöpfungsprozesse zu identifizieren und deren Verantwortlichkeiten abzuklären. Als hilfreich erweist sich hier die Moderation solcher Workshops durch unbeteiligte Dritte, um etwaige Hierarchie- und Machtgefälle auszugleichen und eine neutrale Bewertung unehmen. Das können eigene Mitarbeiter anderer Abteilungen aber auch externe Experten für solche Workshops sein.

Zur Prozessvisualisierung bieten sich verschiedene Möglichkeiten an, die verschiedene Komplexitätslevel abdecken. Eine intuitiv zugängliche Methode ist die **Darstellung eines Prozesses mit seinen Prozessschritten und der Zuordnung der beteiligten Akteure.** Diese Akteure können ganze Abteilungen oder auch einzelne Personen sein. Abb. 5.2 zeigt anhand eines beispielhaften Prozesses in einem nicht-digitalisierten Umfeld, wie eine Visualisierung aussehen kann. Der Beispielprozess ist bewusst gewählt, um das Vorgehen zu verdeutlichen und im Anschluss dieses Vorgehen auch auf einen geschäftskritischen Prozess in Ihrem Umfeld übertragen zu können. Die Schnittstellen zeigen vor-, nach- oder auch

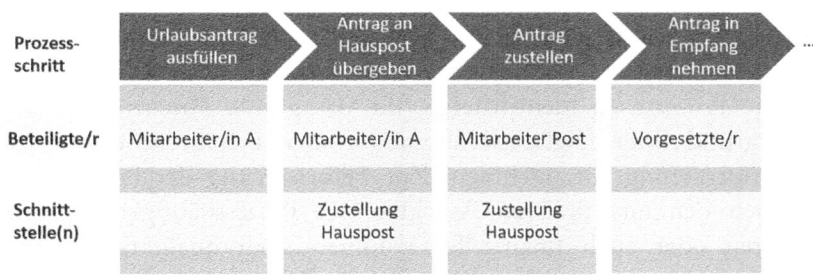

Abb. 5.2 Darstellung der Prozessschritte

zwischengeschaltete Prozessschritte auf und bieten daher einen Anhaltspunkt, um Abhängigkeiten zu identifizieren. In einem nachgelagerten Schritt bieten diese Schnittstellen gute Möglichkeiten, Optimierungs- und Digitalisierungspotenziale zu erarbeiten.

Um komplexere Prozesse abdecken zu können, empfiehlt ein Abteilungsleiter eines Softwareunternehmens das Instrument der Ereignisgesteuerten Prozesskette (kurz EPK) zu verwenden. Mit dieser Art des Prozessdenkens sind in der Regel jedoch nur Mitarbeiter aus dem IT-Umfeld veretraut. Das Unternehmen nahm deshalb zunächst Workshops vor, um eine gemeinsame EPK-Sprache festzulegen und ist dadurch in der Lage, seine Prozesslandschaft deutlich professioneller abzubilden.

Als wichtiger Faktor hat sich im Rahmen unserer Studie der **Einbezug am Prozess beteiligter Akteure herausgestellt,** um die Prozesse so zu erfassen, wie sie tatsächlich im Unternehmen ablaufen. Hier zeigt sich, dass viele Prozesse anders verlaufen als man eigentlich erwartet oder ursprünglich geplant hat. Eine Veränderung im Laufe der Zeit ist normal und sollte daher als Ausgangslage dienen. Ein Digitalisierungsverantwortlicher aus der Chemiebranche hebt hervor, dass die Prozessveränderungen meist gute Gründe haben, welche sich oftmals bei einer Außenbetrachtung zunächst nicht erschließen. Gehen Sie daher strukturiert vor und visualisieren Sie zunächst die größten und wichtigsten Prozesse. Darauf aufbauend können Sie relevante Prozesse weiter detaillieren.

Unternehmen konstituieren sich aus einer Vielzahl von Prozessen, welche unterschiedlich kategorisiert und klassifiziert werden können. Neben den wertschöpfenden Prozessen gibt es auch die Unterstützungsprozesse, die beispielsweise das Personalmanagement betreffen können. Um die Prozesse zu identifizieren, die das größte Potenzial vor dem Hintergrund Ihrer Digitalisierungsambitionen bieten, ist es sinnvoll, eine Priorisierung vorzunehmen. Zur **Priorisierung** der Prozesse gibt es neben den quantitativen Aspekten wie Prozesshäufigkeit, Durchlaufzeiten oder auch finanzielles Volumen auch qualitative Aspekte wie die Bedeutung des Prozesses für die Wettbewerbssituation oder die Außendarstellung. Die Geschäftsführerin eines Unternehmens für medizinisches Zubehör traf uns gegenüber die Aussage, dass sich vor allem Prozesse mit stark repetitivem Charakter als Kandidaten für die Digitalisierung eignen. In ihrem Fall haben sich unterstützende Prozesse, wie Arbeitszeiterfassung, Dienstreisemanagement oder auch Urlaubsplanung und -genehmigung, angeboten. Nach der Identifizierung der „zeitfressenden Um-Prozesse, die keinen produktiven Impact haben" wurden diese digitalisiert. Dadurch konnte die Mitarbeiterzufriedenheit gesteigert und die Zeit gewonnen werden, die zuvor im operativen Geschäft fehlte. Hinterfragen Sie jene Prozesse, die Sie ins Auge fassen, hinsichtlich ihrer **wirtschaftlichen und technischen Umsetzbarkeit.** Evaluieren Sie auch, ob Abhängigkeiten unter den betrachteten Prozessen bestehen, sprich: ob ein Prozess „1" gegebenenfalls vor einem Prozess „2" digitalisiert werden sollte, weil sie logisch aufeinander aufbauen. Es bietet sich an, mit klar strukturierten und weniger komplexen Prozessen anzufangen, um schnelle Erfolge zu erzielen. Der einfachste Weg, derartige Prozesse zu identifizieren, liegt darin, das Angebot am Markt auf günstige und weit verbreitete Standardlösungen hin zu durchsuchen und mit Ihren Anforderungen abzugleichen.

Bevor Sie beginnen, die priorisierten Prozesse zu digitalisieren, ist es sinnvoll diese zu **optimieren.** Gerade durch das häufige Ausführen von Prozessen und Arbeitsabläufen können sich Ineffizienzen einschleichen, die man oft nur mit einem gesonderten Blick und etwas Abstand erkennen kann. Dank der Prozessvisualisierung ist es möglich, jeden einzelnen Prozessschritt auf den Prüfstand zu stellen und zu hinterfragen, ob und wie diese Schritte ausgeführt werden sollen. Das Ziel ist idealerweise die Reduzierung von Komplexitäten und die Standardisierung von Vorgehensweisen, die eine Automatisierung und Digitalisierung deutlich vereinfachen.

Neben den operativen Kernprozessen bieten sogenannte Unterstützungs- und Planungsprozesse einen großen Hebel zur Optimierung. Üblicherweise werden verschiedene Tätigkeiten, sowohl solche planender als auch operativer Natur, von vielen verschiedenen Stellen ausgeführt. Diese Aufteilung innerhalb eines Unternehmens führt schnell zu komplexen Kommunikationsstrukturen und -wegen, die im Rahmen Ihrer Optimierung berücksichtigt werden sollten. Schauen Sie hier, wie Sie möglichst viele Prozess- und Arbeitsschritte bei einer

Stelle bündeln können. Oftmals sind viele Stellen involviert, obwohl diese keinen direkten Anteil an der Ausführung haben und eher als kommunikative Brücke oder aus Gründen der Berichterstattung einbezogen werden sollen. Eine kritische Überprüfung der involvierten Akteure und Tätigkeiten hilft Ihnen, sich auch bei den Prozessen auf das Wesentliche zu konzentrieren. So können Sie versuchen Komplexitäten zu reduzieren, da einerseits Kompetenzen gebündelt werden können, andererseits Schnittstellen reduziert werden und dadurch eine Standardisierung des Prozesses einfacher wird. Diese Standardisierung ist der Ausgangspunkt für die Digitalisierung der Prozesse. Es sei noch angemerkt, dass die Optimierung von Prozessen und die Umsetzung etwaiger Veränderungen und **Verbesserungen schrittweise erfolgen sollte** (siehe auch Kap. 2 Strategie). Dadurch haben Sie die Möglichkeit, Ihre Interventionen zu überprüfen und gegebenenfalls nachzusteuern, sollte eine Maßnahme nicht den gewünschten Erfolg bringen. Hierfür bietet sich der sogenannte PDCA-Zyklus an. Das Akronym PDCA steht hierbei für die Schritte Plan, Do, Check, Act.

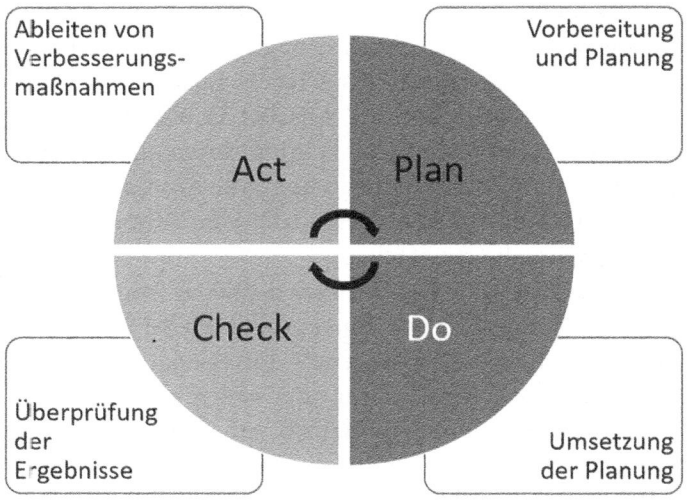

Abb. 5.3 Der PDCA-Zyklus zur kontinuierlichen Verbesserung

Dieser Zyklus ist in Abb. 5.3 übersichtlich dargestellt und kann die Leitlinie für das Vorgehen und konstruktive Intervenieren sein.

Erst wenn Sie den mühsamen Weg gegangen sind, Ihre Prozesse zu priorisieren und zu optimieren, folgt das eigentliche **Digitalisieren.** Hierbei bieten sich verschiedene Strategien an, wie eine Abteilungsleiterin aus der Nutzfahrzeugbranche im Rahmen eines Interviews erklärt, die stark nach den im Unternehmen vorhandenen Prozessen und IT-Kompetenzen variieren.

Falls Sie viele unkonventionelle Geschäftsprozesse in Ihrem Unternehmen vorfinden, deren Komplexität sich nicht ohne Weiteres reduzieren lässt, empfiehlt der Geschäftsführer eines Robotik-Unternehmens eigene Ressourcen für die Entwicklung und Digitalisierung aufzubauen. Das hohe Maß an Individualisierung und eine kontinuierliche Aktualisierung gestalten ein Outsourcen der Digitalisierung oftmals aufwendig und wirtschaftlich bedenklich. Zudem kann in komplexem Prozess-Knowhow auch ein strategischer Wettbewerbsvorteil liegen, der im eigenen Unternehmen verbleiben sollte. Doch auch in solchen Fällen lassen diverse digitale Werkzeuge deutliche Vereinfachungen und Effizienzsteigerungen zu. Mit einem Workflow-Management-System zum Beispiel vereinfachen Sie Ihren Entwicklern und Mitarbeitern die Digitalisierung, indem diese Prozessabläufe grafisch gestützt definieren und umsetzen können.

Als letzten Ansatz führt eine Geschäftsführerin eines Chemieunternehmens eine Vorgehensweise an, welche sich insbesondere an flexible Unternehmen richtet, deren Geschäftsprozesse weitgehend konventioneller Natur sind. Durch **Cloud-Geschäftsprozessautomatisierung** werden Softwarelösungen von einem oder verschiedenen Anbietern von Cloud-Applikationen genutzt, um die eigenen Geschäftsprozesse online abzubilden. Durch die hohe Standardisierung profitieren Sie als Kunde von dem Prozess-Knowhow dieser Anbieter und können Ihre Prozesse zudem ohne eigene IT-Infrastruktur überall leicht zugänglich gestalten. Häufig ermöglichen die Schnittstellen dieser Anbieter eine einfache Verknüpfung verschiedener Prozesse über unterschiedliche Programme hinweg. Falls Sie jedoch auf Daten aus veralteten Systemen angewiesen sind, eignet sich die sogenannte robotergestützte Prozessautomatisierung, bei welcher vorprogrammierte Roboter die manuellen Tätigkeiten Ihrer Mitarbeiter übernehmen.

Die von uns durchgeführten Studien offenbaren zahlreiche **Anwendungsfälle,** bei denen eine Prozessdigitalisierung und -automatisierung zum Einsatz kommen kann. Ein Leiter für digitales Marketing in der Immobilienbranche erwähnt uns gegenüber die Einführung einer digitalen Zeiterfassung, welche den Mitarbeitern die An- und Abmeldung über eine App oder einen Chip an einem Terminal ermöglicht. Gekoppelt an ein geeignetes Projektmanagementsystem, lassen sich so die detaillierten projektbezogenen Arbeitszeiten eindeutig ermitteln und ohne händischen Aufwand zuordnen. Im Zuge dessen bietet sich auch die Einführung eines digitalen Urlaubsblattes beziehungsweise einer Software zur Urlaubsplanung und -genehmigung an. Dies erlaubt gerade bei mehreren Standorten eine **effizientere Prozessierung der Anträge,** da die Mitarbeiter die Urlaubsanträge nicht mehr händisch ausfüllen und in die Hauspost geben müssen, wie ein Verantwortlicher für Marketing und Kommunikation aus der Baustoffbranche uns im Rahmen unserer Studien erläutert. Zudem vereinfacht es die Prüfung und Genehmigung durch die verantwortliche Führungskraft. Neben der Zeiterfassung und Urlaubsplanung bringt eine Digitalisierung von Dienstreiseplanungen und -abrechnungen enorme Vorteile in der Durchführung. Das digitale Antragstellen und Genehmigen einer Dienstreise kann dank einer entsprechenden Software schneller vonstattengehen, da umständliche Stationen wie die Hauspost reduziert werden. Der Antragsteller kann den Dienstreiseantrag digital an die zuständigen Stellen senden und genehmigen lassen. Die Genehmigung geht direkt wieder an den Antragsteller und ermöglicht, darauf aufbauend umgehend die Reisekostenabrechnung zu erstellen und einzureichen. Verbunden mit einem elektronischen Zahlungsmanagement können so direkt nach Freigabe der Reisekostenerstattungen die Zahlungen angewiesen werden und sind somit kurze Zeit später beim Antragsteller. Hierdurch werden lange Wartezeiten und mitunter größere Beträge, die sich durch lange Wartezeiten ansammeln können, vermieden, was zu größerer Zufriedenheit bei den Arbeitnehmern führt. Zudem kann die Zahlung sofort nach den handels- und steuerrechtlichen Vorgaben zusammen mit der Reisekostenabrechnung und -genehmigung als Anlage verbucht werden. So wird eine Transparenz über die Zahlungen geschaffen und die Nachvollziehbarkeit für beispielsweise Kostenanalysen erleichtert. Der Geschäftsführer eines Bauunternehmens benennt in diesem Kontext auch die **elektronische Rechnungsverarbeitung** als einen sinnvollen Einstiegspunkt in die Thematik, da diese Prozesse hoch standardisiert und linear verlaufen.

Andere Befragte der Studien geben an, dass die Digitalisierung sämtlicher Dokumente im Unternehmen durch eine geeignete **Dokumentenmanagement-Software** die Bearbeitung, Bevorratung und Verteilung von Dokumenten innerhalb des Unternehmens deutlich erleichtert. Insbesondere im Kontext der DSGVO bieten derartige Systeme durch abgestufte Zugangsberechtigung einen starken Mehrwert, da genau geregelt werden kann, wer Zugang zu den Daten bekommt und wie diese verarbeitet werden dürfen. Weiterhin können simple Funktionen wie eine intelligente Suche die operative Arbeit in Ihrem Dokumentenfundus erheblich erleichtern. Darauf aufbauend bietet sich ein **digitales Antrags- und Vertragswesen** an, welches es Ihnen erlaubt, Prozesse bei Vertragsabschlüssen oder Investitionsanträgen besser abzubilden. Durch das System wissen Sie zudem immer, welches Dokument sich derzeit in welchem Stadium und an welchem Ort befindet und können die Einhaltung von Fristen sicherstellen, wie der Geschäftsführer eines Unternehmens der Entsorgungswirtschaft anmerkt.

> Erfassen Sie zunächst die bestehenden Prozesse in einer **IST-Analyse**. Nutzen Sie hierzu auch verschiedene Möglichkeiten zur Visualisierung, um einen besseren Überblick zu erhalten. Erarbeiten Sie in einem zweiten Schritt **IDEAL-Prozesse**, die einen optimalen und effizienten Ablauf im Kontext Ihrer Rahmenbedingungen darstellen. Leiten Sie davon **SOLL-Prozesse** ab, die als Zielbild in der Transformation fungieren. Nutzen Sie vorhandene Kompetenzen innerhalb Ihres Unternehmens, um die Prozesse aufzunehmen, zu bewerten und zu verbessern.

5.2 Personalmanagement und Unternehmenskultur – Wesentliche Treiber des digitalen Wandels

> **In diesem Abschnitt erfahren Sie**
> - warum die digitalen Kompetenzen Ihrer Mitarbeiter entscheidend für Ihren Unternehmenserfolg sind,
> - wie Sie Top-Talente gewinnen, die zu Ihrem Unternehmen passen,
> - wie moderne Arbeitsplätze Ihre Mitarbeiter motivieren,
> - warum Sie Zeit für Veränderungen einplanen müssen und wen Sie dabei involvieren sollten.

Sowohl Personalgewinnung und -entwicklung als auch die Unternehmenskultur werden maßgeblich durch Digitalisierungsambitionen beeinflusst. Neben den üblichen Anforderungen an die Mitarbeiter gewinnen **digitale Kompetenzen und Fähigkeiten,** also solche, die sich explizit mit der Digitalisierung und den damit einhergehenden Herausforderungen beschäftigen, zunehmend an Bedeutung. Unsere Studie zeigt, dass der ohnehin schon vorhandene Fachkräftemangel verstärkt wird und sich auch auf KMU auswirkt, da viele andere Unternehmen ebenfalls Fachkräfte mit digitalen Kompetenzen und Fähigkeiten suchen. Durch die hohe Konkurrenz sind gerade KMU darauf angewiesen, kreative Lösungen zu finden, um passende Mitarbeiter anzuwerben und eigene Mitarbeiter weiterzuentwickeln.

Neben dem klassischen Recruiting über Zeitungsanzeigen oder Absolventenmessen gibt es heutzutage eine Vielzahl weiterer Möglichkeiten, potenzielle Bewerber und zukünftige Mitarbeiter anzusprechen und anzuwerben. In den letzten Jahren hat sich ein Wandel im Bewerbungsprozess vollzogen, wodurch sich nicht nur potenzielle Kandidaten bei Unternehmen bewerben, sondern auch erwarten, dass das Unternehmen sich bei ihnen bewirbt. Gerade jüngere Bewerber schauen sich zunehmend nach Unternehmen um, die zu ihnen passen und ein gutes Gesamtpaket anbieten. So sind unter anderem umfassende Sozialleistungen, Work-Life-Balance und eine gute Arbeitsatmosphäre ausschlaggebender geworden als ein Spitzengehalt. Gerade durch die Digitalisierung bieten sich Unternehmen viele Möglichkeiten, Bewerber zu erreichen und **moderne Bewerbungsprozesse abzubilden,** aber auch ein Arbeitsumfeld zu schaffen, das heutigen Erwartungen gerecht wird.

Durch gezielte Recherche lassen sich Bewerber schon frühzeitig besser identifizieren und überdies kann ein umfassenderes Bild auf Basis der Präsenz in sozialen Netzwerken erhalten werden. Denn durch soziale Netzwerke, wie etwa LinkedIn oder Xing, erhalten Sie oftmals unkompliziert relevante Informationen über potenzielle Kandidaten, wie deren beruflichen Werdegang und akademischen Hintergrund. Darüber hinaus kann man auch auf andere Plattformen, wie beispielsweise Google, Facebook, Instagram oder YouTube, zurückgreifen und Informationen über Bewerber sammeln. Der Geschäftsführer eines Softwareunternehmens empfiehlt in unseren Studien ausdrücklich, auf solche Hintergrundinformationen zurückzugreifen, da er so mehrfach „vor Menschen mit nicht tolerierbaren moralischen Vorstellungen" bei der Personalakquise bewahrt oder für besonders interessante Bewerber sensibilisiert wurde. Die Digitalisierung stellt in diesem Kontext jedoch keine Einbahnstraße dar und erhöht somit die Komplexität für das Recruiting zusätzlich. Ebenso wie Sie in der Lage sind, potenzielles Personal a priori zu durchleuchten, bietet sich auch für Bewerber eine gute Gelegenheit, sich mit den **Vor- und Nachteilen Ihres Unternehmens sowie Erfahrungswerten** auseinanderzusetzen. Die im Rahmen der Studie befragten Unternehmen geben an, dass viele Bewerber sich sowohl über die Internetpräsenz als auch Social-Media-Auftritte über potenzielle Arbeitgeber informieren. Weiterhin spielen Arbeitgeber-Bewertungsportale wie Kununu, Glassdoor und Indeed eine immer wichtigere Rolle, wenn es um eine Ersteinschätzung für Bewerber geht. Auch wenn diese Portale mit Vorsicht zu genießen sind, bieten sie potenziellen Arbeitnehmern einen ersten Überblick über das Unternehmen und listen Bewertungen aktueller und ehemaliger Mitarbeiter chronologisch auf. Neben diesen Erfahrungswerten können Kandidaten außerdem auf Informationen zu üblichen Gehaltsspannen des Unternehmens sowie der Konkurrenz zurückgreifen. Bei negativen Rezensionen werden Top-Talente häufig abgeschreckt und wenden sich an Unternehmen mit ähnlichen Konditionen aber besseren Bewertungen. Ein von uns befragter Abteilungsleiter im Marketing kommentiert in diesem Zusammenhang, dass die negativen Bewertungen auf derartigen Portalen häufig Unmut bei der Geschäftsleitung auslösen, welche daraufhin mit Ablehnung des digitalen Konzepts reagiert. Mit ein wenig Abstand betrachtet, führt der Abteilungsleiter weiter aus, seien diese Bewertungen aber eine gute **Chance, die eigene Führungs- und Unternehmenskultur zu hinterfragen** und nachhaltig zu verbessern. Nach seinen Erfahrungen geht es dabei nicht darum, in allen Disziplinen Topergebnisse zu erzielen, sondern die spezifischen Stärken des Unternehmens herauszustellen und durch Integrität zu glänzen. Reflektieren Sie, inwiefern das Bild Ihrer Unternehmenskultur und den Rahmenbedingungen mit dem Feedback auf diesen Plattformen korreliert. Sollten beispielsweise häufige Überstunden in Ihrem Unternehmen gang und gäbe sein, sollten Sie nicht versuchen, primär mit einer hervorragenden Work-Life Balance zu punkten. Das digitale Feedback wird diese Inkonsistenz vermutlich offenlegen und Ihnen das Vertrauen der Bewerber entziehen. In diesem Falle stellen Sie lieber andere **Alleinstellungsmerkmale Ihres Unternehmens** (z. B. hohes Gehalt, Homeoffice, Eigenverantwortung oder Ähnliches) in den Vordergrund – so wissen Kandidaten, worauf sie sich einlassen, und Sie erhalten jene Bewerber, die optimal zu Ihren Anforderungen und Ihrem Unternehmen passen.

Einige Unternehmen binden als Reaktion auf solche Portale bewusst den Punkt „Karriere" auf ihrer Internetseite ein und stellen darüber Informationen zum Bewerbungsverfahren, der möglichen Karriereentwicklung im Unternehmen sowie konkrete Stellenausschreibungen zur Verfügung. Manche gehen darüber hinaus und lassen sogar eigene Mitarbeiter als zukünftige Kollegen über das Unternehmen zu Wort kommen. Neben den physischen Jobmessen bieten sich auch **digital durchgeführte Jobmessen** an, um potenzielle Bewerber auf sich aufmerksam zu machen und direkte Bewerbungsverfahren anzustoßen.

Neben dem Recruiting hat die Digitalisierung ebenfalls Auswirkungen auf das **Personalmanagement und die Gestaltung des Arbeitsplatzes.** Für Bewerber und Mitarbeiter spielt zunehmend die Möglichkeit, regelmäßig aus dem Homeoffice arbeiten zu können eine Rolle. Zugegebenermaßen eignen sich dazu nicht alle Tätigkeiten, aber mit einer vernünftigen digitalen Infrastruktur lässt sich vieles ermöglichen, wie die intensiven Reorganisationen im Rahmen der Covid-19-Pandemie eindrucksvoll veranschaulichen. Auch wenn unter Umständen eine Notwendigkeit oder gar Zwang zu Homeoffice bestehen kann, sollten Unternehmen dies als Möglichkeit begreifen und gemeinsam mit den Mitarbeitern ein vernünftiges Konzept erarbeiten, auf dem auch im Anschluss aufgebaut werden kann.

Zu einer entsprechenden Infrastruktur zählen neben einem mobilen Arbeitsgerät auch die Möglichkeit der Anbindung an das Unternehmensnetzwerk, um Zugriff auf relevante Dateien sowie Kommunikationstools wie beispielsweise E-Mail-Server zu haben. Die Nutzung einer Telefonie-Software gewährleistet zudem die telefonische Erreichbarkeit unabhängig vom Standort. Weiterhin sind entsprechende Software-Pakete zur Dokumentenverarbeitung, Kollaboration und Kommunikation von Unternehmensseite aufzuspielen und schaffen so einen digitalen Arbeitsplatz. Besonders hervorzuheben ist hier die IT-Sicherheit, die über entsprechende Software, wie beispielsweise Antivirenprogramme und gesicherte Verbindungen zu Unternehmensservern, sichergestellt werden kann und ergänzt wird durch einen Ausschluss der privaten Nutzung des Arbeitsgerätes durch die Mitarbeiter. Hier empfiehlt es sich, Sicherheitsexperten zu konsultieren und das **Thema IT-Sicherheit in die Hände dieser Experten** zu geben.

Eine gute Möglichkeit, dem eingangs erwähnten Fachkräftemangel zu begegnen, den die von uns befragten Unternehmen hervorheben und dem sie sich gegenübersehen, ist die **Weiterentwicklung bereits vorhandener Ressourcen.** Wie die befragten Unternehmen nahezu einstimmig berichten, sind viele Mitarbeiter aufgeschlossen gegenüber zielgerichteten Weiterbildungsmaßnahmen, die auf mehr Digitalisierung abzielen. Diese Weiterbildungsangebote können sich auf Software, wie etwa Office-Pakete, Kollaborations- oder Kommunikationstools, aber auch auf die digitale Kollaboration und Teamarbeit beziehen. So können zum einen die digitalen Kompetenzen und Fähigkeiten der Mitarbeiter gefördert werden, aber auch Soft Skills, die sich beispielsweise auf das digitale Miteinander beziehen.

Im Rahmen unserer Studie werden häufiger digitale Lernplattformen, sowohl intern als auch extern, als Erfolgsfaktor genannt, die ein zeitunabhängiges Vermitteln von Wissen ermöglichen und Weiterbildungen neben den Kerntätigkeiten erlauben. Besonders hervorzuheben ist die Bedeutung von Interaktionen bei solchen Weiterbildungsangeboten, sodass neben der reinen Vermittlung auch die Anwendung in Fallbeispielen und Diskussionen in kleineren Gruppen positiv zum Lernerfolg beitragen. Neben der zeitlichen und räumlichen **Flexibilität bei digitalen Lernangeboten** bietet auch die inhaltliche Flexibilität Spielraum, um die Mitarbeiter in ihrer persönlichen Entwicklung bestmöglich und zielgerichtet zu unterstützen. Die Förderung vielleicht schlummernder Talente führt zugleich zu einer erhöhten Mitarbeiterzufriedenheit, da die persönliche Entfaltung der Mitarbeiter zunehmend während der beruflichen Tätigkeit ermöglicht wird. Zudem sind zufriedene und motivierte Mitarbeiter eher gewillt, Werbung für das eigene Unternehmen zu machen und wiederum gute, fähige und vor allem motivierte Mitarbeiter zu gewinnen.

Die Unternehmenskultur wird ebenfalls maßgeblich durch die Digitalisierung beeinflusst. Veränderte Rahmenbedingungen und mobiles Arbeiten erfordern ein Umdenken bei Vorgesetzten wie Mitarbeitern, was sich wiederum auf die Unternehmenskultur und deren Wandel auswirkt. Veränderungen der Unternehmenskultur können proaktiv angestoßen werden, aber auch als Reaktion auf äußere Einflüsse notwendig sein, wie beispielsweise im Fall der COVID-19-Pandemie. In beiden Fällen ist es ratsam, so einer der befragten Geschäftsführer aus der Baubranche, frühzeitig gemeinsam mit den Mitarbeitern zu sprechen, sowohl über die anstehenden Veränderungen als auch deren Auswirkungen auf die Zusammenarbeit im Unternehmen. Es hat sich bewährt, die Mitarbeiter aktiv in Veränderungen einzubeziehen und dabei deren Wünsche, Präferenzen und Abneigungen zu erfragen und diese mit den Bedürfnissen und Anforderungen des Arbeitgebers abzugleichen. Daraus kann ein Konzept abgeleitet werden, welches konkrete Regeln beinhaltet. Diese können unter anderem Erreichbarkeit, Arbeitszeiten oder auch den Arbeitsmodus betreffen. So können sich die Mitarbeiter wie auch die Vorgesetzten auf diese

Regeln berufen und auf dieser Grundlage zusammenarbeiten. Der Geschäftsführer weist ausdrücklich darauf hin, dass es durchaus Unterschiede zwischen Abteilungen und Teams gibt und diese entsprechend berücksichtigt werden müssen – ebenso wie aus den Unterschieden resultierende potenzielle Spannungen. Neben einer **erhöhten Flexibilität des Arbeitens und einer besseren Work-Life-Balance** kann man so zusätzlich auf Bedürfnisse der Angestellten eingehen und in Ausnahmesituationen, wie beispielsweise der Pflege sowie Betreuung von Angehörigen oder Kindern, die Homeoffice-Regelungen ausweiten oder lockern. Ein Abteilungsleiter hat in einer solchen Ausnahmesituation mit einem Mitarbeiter abweichende Arbeitszeiten vereinbart, sodass dieser frühmorgens und spätabends arbeitete und so in der Lage war, seinen privaten Verpflichtungen nachzukommen. Diese Regelung stand unter dem Vorbehalt, dass alle wichtigen geschäftlichen Termine dennoch auch mittags wahrgenommen werden und die Arbeitsleistung nach wie vor auf einem hohen Niveau bleibt. Ein positiver Nebeneffekt solcher Flexibilität, neben der Wertschätzung der Mitarbeiter und dem Eingehen auf eventuelle außerordentliche Bedürfnisse, ist die **Übertragung von mehr Verantwortung auf die Mitarbeiter.** Dadurch stieg bei einem Unternehmen die Mitarbeiterzufriedenheit, die Produktivität und sogar die Kreativität, da Mitarbeiter sich aktiv an der Unternehmensentwicklung beteiligten und ein außerordentliches Engagement an den Tag legten. Laut einer im Rahmen der Studien befragten Geschäftsführerin, welche zuvor verschiedene Maßnahmen der Mitarbeitermotivation erprobt hat, findet nur durch „eine ehrliche und ganzheitliche Übertragung von Verantwortung eine erhöhte Identifikation und Motivation für die Unternehmensziele statt".

Grundsätzlich sind dafür engagierte Mitarbeiter notwendig, vor allem aber auch Führungskräfte und Vorgesetzte, die auf die Bedürfnisse der Mitarbeiter eingehen, diesen Vertrauen entgegenbringen und nicht grundsätzlich unterstellen, dass beispielsweise im Homeoffice weniger gearbeitet wird. Sollte es dennoch zu einem vermeintlichen Missbrauch dieser Regelungen kommen, sollte sofort ein offenes Gespräch und eine gemeinsame Lösung gesucht werden. Grundsätzlich verbleibt ebenso die Möglichkeit, die Arbeitszeiten mithilfe von Arbeitszeiterfassungssoftware zu dokumentieren. Hinterfragen Sie aber an dieser Stelle auch noch einmal kritisch, wofür Sie Ihre Mitarbeiter eigentlich bezahlen – für abgeleistete Stunden oder für erbrachte Leistung? Vereinbaren Sie lieber klare Ziele mit Ihren Mitarbeitern, die sie in einer gewissen Zeit zu erfüllen haben, als Arbeitszeiten zu kontrollieren. So schaffen Sie Transparenz und zeigen, dass Sie Ihren Mitarbeitern vertrauen, was sich ebenfalls positiv auf das Unternehmensklima auswirkt.

So wie sich Strukturen und Arbeitsweisen wandeln, wandelt sich auch die Unternehmenskultur. Einiges kann man aktiv anstoßen und unterstützen, dennoch bleibt die Kultur etwas, was sich organisch weiterentwickelt und nur in Teilen beeinfluss- und lenkbar ist. Dennoch können Sie gemeinsam mit Ihren Mitarbeitern an Veränderungen arbeiten und sich dabei an dem Veränderungsmodell nach Beer (1980 sowie Beer et al. 1990) orientieren:

1. **Analyse der Problemsituation sowie Commitment zum Veränderungsbedarf**
   Erarbeiten Sie gemeinsam mit ausgewählten Mitarbeitern, wieso es einen Veränderungsbedarf gibt und analysieren Sie die Problemsituation genau. So schaffen Sie eine Möglichkeit, andere von dem Veränderungsbedarf zu überzeugen und stellen eine Verbindlichkeit sowie Einsicht in die Notwendigkeit der Veränderung her.
2. **Veränderungsvision ausarbeiten**
   Erarbeiten Sie eine Vision, die die Veränderung umschreibt und ein Ziel sowie einen spezifischen Fokus vorgibt. Dazu gehört auch, neue Rollen und Verantwortlichkeiten zu definieren. So können Sie den Veränderungsprozess nach einem realen Problem oder Bedarf ausrichten und organisieren sowie alle relevanten Anspruchsgruppen frühzeitig einbeziehen.
3. **Konsens über Vision schaffen**
   Schaffen Sie einen Konsens über die Vision und erhalten so eine ausreichende Basis sowie Unterstützung für das Veränderungsvorhaben. Dazu gehört auch, das Vorhaben sowie die Vision an alle relevanten Anspruchsgruppen zu kommunizieren.
4. **Veränderung umsetzen**

Die Veränderung wird nun anhand der Vision und spezifischen Zielen umgesetzt. Dabei hilft es Ihnen, alle Anspruchsgruppen einzubeziehen und die Mitarbeiterschaft als Gruppe als Wandelmedium zu nutzen.
5. **Veränderung festigen**
Institutionalisieren Sie die Veränderung, indem sie in formale Strukturen, Systeme sowie Regeln integriert wird.
6. **Monitoring und Anpassungen**
Alle Veränderungen sollten begleitet und überwacht werden. So können Anpassungsbedarfe rechtzeitig erkannt und entsprechende Maßnahmen erarbeitet sowie umgesetzt werden.

Nützlich erweisen sich sogenannte schnelle Erfolge („Quick Wins"), um das Momentum aufrechtzuerhalten und Kritiker davon zu überzeugen, dass der Wandel funktioniert. Durch diese kleineren aber einfach zu realisierenden Ziele wird zusätzlich ein Denken in Etappenzielen gefördert, insbesondere wenn die Erfolge explizit kommuniziert und gefeiert werden.

> Zusammenfassend lässt sich festhalten, dass die Unternehmenskultur ein komplexes Phänomen darstellt, welches sich nicht rein mechanisch wie eine Apparatur steuern lässt. Es gibt jedoch eine Vielzahl an ‚**Stellschrauben', welche positiven Wandel begünstigen** und eine produktive und gesunde Unternehmenskultur erwachsen lassen können. Gerade im digitalen Kontext finden sich nunmehr diverse Optionen, um Einfluss auf diese Entwicklung zu nehmen. Nutzen Sie digitale Möglichkeiten bei der Personalakquise und achten Sie auch auf eine eigene, **integre Außendarstellung auf den genannten digitalen Kanälen.** Missverstehen Sie schlechte Bewertungen auf Bewerberportalen nicht als allgemeine Kritik an Ihrer Unternehmensführung, sondern nutzen Sie die Einblicke, um Ihr Unternehmen nach und nach noch attraktiver für Mitarbeiter zu gestalten.

5.3 Management – Trends erkennen und umsetzen

> **In diesem Abschnitt erfahren Sie**
> - wieso Sie Ansätze des agilen Managements in Betracht ziehen sollten,
> - wie agile Konzepte Ihre Teams selbstständiger und produktiver machen können,
> - wie OKRs sicherstellen, dass selbstständige Teams trotzdem im Sinne des Unternehmens handeln,
> - warum eine gemeinsame Vision essenziell ist,
> - wie Ihnen ein leichter Einstieg gelingen kann.

Durch die Digitalisierung und auch andere Treiber stehen Unternehmen einer immer turbulenteren Umwelt gegenüber, die sowohl Möglichkeiten als auch Herausforderungen mit sich bringt. Um sich für die ständig wechselnden Anforderungen zu wappnen, nehmen viele Unternehmen neue Managementansätze in Anspruch. Eines der prominentesten Beispiele stellt das sogenannte **agile Management** dar, welches auch in den von uns befragten Unternehmen in Teilen Einzug hielt. Ursprünglich aus der Softwareentwicklung stammend, ist es der Grundgedanke des agilen Managements, den Kunden in den Fokus zu rücken und durch kurzzyklische Planungen schneller auf etwaige Anpassungsbedarfe reagieren zu können. Die kürzeren Arbeits- und Planungsintervalle sind immer häufiger Bestandteil heutiger Managementtätigkeiten, was nicht gleichbedeutend mit „einem Flug auf Sicht" ist, wie der Geschäftsführer eines Chemieunternehmens sagt, sondern „vielmehr die langfristige Planung in kleinere, kürzer erreichbare Meilensteine herunterbricht". Eine langfristige Planung ist weiterhin unerlässlich, wenngleich diese nicht mehr so detailliert ausgearbeitet wird, um nicht zu sehr in festgefahrenen Mustern stecken zu bleiben und flexibel reagieren zu können.

Agiles Management bedient sich vieler verschiedener agiler Methoden, wie beispielsweise **Scrum, Kanban** oder **Lean Startup**, deren Vorstellung den Rahmen und Fokus dieses Quick Guides übersteigen würde. Allen Methoden gemein ist der sehr spezifische Fokus auf die eigentlich mehrwertbringende Arbeit, ohne zu viel Zeit mit administrativen und organisatorischen Aufgaben und Abstimmungen verbringen zu müssen. So gibt es viele Meetings, die einem harten Timeboxing folgen und einen klar geregelten Ablauf sowie einen klaren Fokus haben. Eines der Unternehmen gibt an, alle zwei Wochen zu einem zweistündigen Planungsmeeting im Führungskreis zusammenzukommen. Die erste Stunde besteht lediglich aus einer kurzen Rückschau, was die vergangenen zwei Wochen geschah, während in der zweiten Stunde ein Ausblick gegeben wird, was in den kommenden zwei Wochen ansteht. Auch wenn dieses Vorgehen an einen klassischen Jour fixe erinnert, hilft ein striktes Vorgehen und Zeitmanagement den Führungskräften mittlerweile, sich dabei auf das Wesentliche zu konzentrieren.

Ein großer Mehrwert ist, wie der Geschäftsführer sagt, darin zu sehen, dass die eigentlichen Themen in den Teams behandelt werden und nicht erst in der großen Führungsrunde diskutiert werden, wie das früher der Fall war. Dort werden lediglich Informationen über den aktuellen Stand geteilt und große Hindernisse sowie Abhängigkeiten geklärt, die die Teams selbst nicht lösen können. Dies sei vor allem darauf zurückzuführen, dass mit dem Einführen einer „agilen Arbeitsweise in light" auch ein Wegrücken von einem sehr hierarchisch geprägten Denken stattgefunden hat. Der Weg dorthin war nicht leicht, weil viele Führungskräfte Sorgen und Ängste hatten, dass sie ihren Status und ihre Macht verlieren könnten. Allerdings zeige die Entwicklung, dass „das Management nun mehr als Dienstleister für die eigenen Mitarbeiter unterwegs ist und diese bei ihrer eigentlichen Tätigkeit unterstützt, wo es nur geht". Die Hauptaufgabe der Führungskräfte und des Managements besteht nun darin, alles zu unternehmen, um die Mitarbeiter bestmöglich zu befähigen, ihre Aufgaben auszuführen. Ein solches Umdenken in der Geschäftsführung ermöglicht es Ihnen, schneller und besser auf den Wandel zu reagieren, der auch mit neuen digitalen Technologien einhergeht. Außerdem hilft eine solche Neuausrichtung, die Mitarbeiter darin zu bestärken und zu ermächtigen, eigenverantwortlich und selbstbestimmt den eigentlichen Tätigkeiten nachzugehen und dennoch offen für Neues zu sein.

Durch **digitale Kommunikationskanäle und -plattformen** ist ein ständiger Austausch einfacher möglich, jedoch ist eine niedrigschwellige Interaktion auf dem Flur, bei der Kaffeemaschine oder bei Denkpausen erschwert. Um dennoch eine gute Kooperation der Mitarbeiter und die Erreichung gesteckter Ziele zu ermöglichen, ist es notwendig die Arbeit dahingehend auszurichten und geeignete Strukturen zu etablieren. Viele Unternehmen verschlanken eigene Strukturen und Prozesse (Abschn. 5.1 Interne Prozesse) im Zuge ihrer Digitalisierungsambitionen und schaffen so eine wesentlich reaktionsfähigere und -freudigere Umgebung. Versuchen Sie also, gemeinsam mit Ihrem Führungskreis und den Mitarbeitern formale Strukturen etwas aufzubrechen und eher auf informale Strukturen zu setzen. Durch den kulturellen Wandel, der mit der Einführung agiler Managementpraktiken und vor allem Denkweisen einhergeht, werden Hierarchien flacher sowie die Arbeitsatmosphäre konstruktiver. Zugleich werden klassische Managementansätze und zuweilen auch -allüren abgebaut, wie ein Geschäftsführer eines Maschinenbauunternehmens uns gegenüber hervorhebt. Zugegebenermaßen seien viele Führungskräfte zunächst auf Konfrontation mit den neuen Rollen als unterstützende Führungskraft gegangen. Mittlerweile würden jedoch alle an einem Strang ziehen. Zugleich seien die Status- und Machtverlustängste wie weggeblasen. Der Geschäftsführer hebt deutlich hervor, dass es ein sehr sensibles Thema gewesen sei, das Zeit brauche, viele Nerven und schlaflose Nächte koste sowie nicht spurlos an allen vorübergehe. Aber er würde diesen Weg jederzeit wieder gehen und freut sich jeden Tag darauf, mit seinen Mitarbeitern zu sprechen und innovative Lösungen für die Probleme der Kunden auszuarbeiten, wenngleich „mein Beitrag hin und wieder auch nur das Kochen eines Kaffees für unseren Entwicklungsleiter ist, weil sein Kopf wieder einmal raucht". Dennoch gibt er als Geschäftsführer die grundsätzliche Richtung vor, in die sich das Unternehmen entwickelt und schreitet auch ein, wenn etwas aus seiner Sicht schiefläuft. Verstehen Sie, sei es als Geschäftsführer, Führungskraft oder Verantwortlicher, eine flachere Hierarchie daher nicht als Hierarchielosigkeit, sondern vielmehr als Möglichkeit Konflikte und Probleme niedrigschwellig zu lösen und im Zweifel dennoch als übergeordnete Instanz einzuschreiten. Es ist also stets ratsam, offen für solche Veränderungen zu sein und kreativ aber auch kritisch die eigenen Prozesse sowie Strukturen zu reflektieren.

Die Angst, dass Teams, die sich selbst organisieren, angesichts der neuen Freiheiten und Verantwortung desorientiert oder führungslos sind oder diese sogar missbräuchlich ausnutzen, ist durchaus berechtigt. Der Geschäftsführer eines IT-Unternehmens äußerte im Interview, dass er sich zu Beginn häufiger fragte, an was seine Teams überhaupt arbeiteten und ob diese Arbeit der Unternehmensstrategie Genüge tut. Als optimale Ergänzung sehen er sowie andere Befragte im Rahmen der Studien ein sogenanntes OKR-Set. Das „O" steht hierbei für das englische Wort „Objectives" und hat eine ähnliche Bedeutung wie „Ziele". Als Besonderheit sei hier hervorgehoben, dass diese Ziele eine Richtung angeben, in die sich das Unternehmen entwickeln soll. Das „KR" wiederum steht für „Key Results" und repräsentiert konkrete, messbare Erfolge beziehungsweise Kennzahlen. Jedem „Objective" werden drei bis vier Kennzahlen zugeordnet, um den tatsächlichen Erfolg messbar zu machen. Mit diesem Konzept kann das angeführte

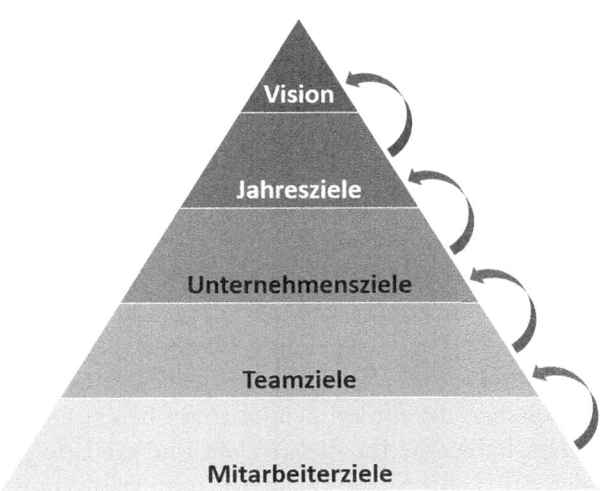

Abb. 5.4 Pyramidaler Grundgedanke der OKR-Methode

Unternehmen die Risiken agilen Arbeitens überwinden und die selbstorganisierte Arbeit mit der Unternehmensstrategie in Einklang bringen. Abb. 5.4 stellt diesen Ansatz in seinen Grundzügen vor.

Die Pyramide verdeutlicht, dass die Marschrichtung prinzipiell durch die Geschäftsführung festgelegt werden kann. Die Vision wird überaus ambitioniert für die nächsten 5–10 Jahre definiert. Ein Interviewteilnehmer beschrieb prägnant: „die Vision ist ein Leuchtturm in weiter Ferne. Falls eines unserer Teams mal auf Abwege kommt, findet es immer wieder den Weg zu uns zurück!" Zudem merkte er an, dass diese unbedingt ausreichend abstrakt und einfach formuliert sein sollte, um zu jedem Zeitpunkt als Orientierung zu dienen. Zugleich betont er, dass eine zu konkrete Formulierung bei schnellen Veränderungen im Marktumfeld die Vision obsolet machen könne. Daher müsse man einen ausreichenden Abstraktionsgrad anstreben. Als Beispiel nennt er die Entwicklung in der Automobilbranche. Hier seien Visionen, die auf Verbrennungsmotoren setzen mittlerweile überholt. Er würde eher empfehlen, die Mobilität der Kunden in den Vordergrund zu rücken und so von Antriebssystemen unabhängig zu sein – durch die E-Mobilität verlieren Verbrennungsmotoren zunehmend an Bedeutung und die Vision würde mithin obsolet werden.

Im Rahmen der Jahresziele erarbeitet die Geschäftsführung eine Vorstellung davon, was das Unternehmen im nächsten Jahr unternehmen sollte, um dieser Vision einen großen Schritt näher zu kommen. Bei der Definition der Unternehmensziele erarbeitet dann die Führung gemeinsam mit den Abteilungsleitern die Objectives und Key Results für das nächste Quartal. Wichtig hierbei ist, dass diese Ziele nicht hierarchisch diktiert werden, sondern gemeinsam mit der unteren Ebene definiert werden. Andernfalls läuft die Organisation Gefahr, an der „Wirklichkeit vorbeizumanagen", wie ein Entscheidungsträger in der Studie hervorhob. Diese rollierende Planung setzt sich weiter fort bis hin zu den individuellen „OKRs" eines jeden Mitarbeiters. Falls die Abstimmung zwischen der fordernden, oberen Ebene und der darunterliegenden gelingt, haben Sie Ihr Ziel erreicht und die Erfolge jedes Mitarbeiters zahlen Stück für Stück auf den Gesamterfolg und die Vision Ihres Unternehmens ein.

So charmant und vielversprechend diese Ansätze auch sind, umso gravierender sind auch die Veränderungen, die sie mit sich bringen. Lassen Sie sich daher nicht einschüchtern von der Komplexität und dem disruptiven Potenzial. Im Folgenden haben wir ein Beispiel aufbereitet, wie einem Unternehmen aus der Energiebranche der sukzessive Umstieg gelungen ist. Das im produzierenden Gewerbe angesiedelte Unternehmen benötigt insbesondere in Projektteams im Bereich Entwicklung eine enge sowie kollegiale Abstimmung untereinander. Die Unternehmensleitung hat sich daraufhin mit der Thematik des agilen Arbeitens auseinandergesetzt und in Zusammenarbeit mit dem Teamleiter einzelne Aspekte als potenziell interessant für das eigene Unternehmen identifiziert. Konkret wurde eine Hierarchiestufe abgeschafft, die betroffenen Funktionen mit ähnlichen Befugnissen und Verantwortlichkeiten umgewidmet sowie allmorgendliche Sitzungen ('Daily Meetings') eingeführt. Da der Geschäftsführer eine allzu disruptive Veränderung der Zusammenarbeit im Unternehmen vermeiden wollte, wurden diese Veränderungen sukzessive und in enger Zusammenarbeit mit den Betroffenen umgesetzt. So hat sich das Team beispielsweise selbstorganisiert auf eine Struktur im Meeting geeinigt, nach der jedes Teammitglied in wenigen Sätzen darstellt, welche Aufgaben an diesem Tag anstehen und welche Probleme der Erledigung dieser Aufgaben potenziell im Weg stehen. Die angesetzte Zeit für die Sitzung wurde auf lediglich 15 min festgelegt, wodurch die Teilnehmer nochmal mehr in Zugzwang waren, sich mit ihren Ausführungen kurz zu halten. Diese zeitliche Begrenzung (auch 'time boxing' genannt) führte **zu einer hohen Effizienz von Sitzungen,** was in Anbetracht der täglichen Wiederholung einen wichtigen Aspekt darstellt. Durch die tägliche Absprache werden das Wissen sowie die Transparenz über die gegenseitigen Tätigkeiten im Team deutlich erhöht, was wiederum eine effizientere Zusammenarbeit zur Folge hat. So beschreibt ein Teammitglied, dass die Lösung von Problemen im Team deutlich leichter fiel, da man stets wusste, wer zu diesem konkreten Problem der beste Ansprechpartner war und wessen momentane Tätigkeit zur Problemlösung beitragen kann. Zudem führte die Zusammenarbeit mit den Kollegen, aber auch mit Führungskräften zu einer sichtbar entspannteren sowie lösungsorientierteren Stimmung. Durch die neu gewonnene Offenheit freut sich das Team auch immer, wenn der Geschäftsführer hin und wieder als Zuhörer in die Meetings kommt, um sich ein Bild von der Lage zu machen, ohne jedoch aktiv einzuschreiten – dieses Verbot erlegte er sich selbst auf. Das hat zur Folge, wie er uns gegenüber erzählt, dass die Mitarbeiter sehr viel häufiger mit Problemen auch direkt zu ihm kommen, sofern er der Einzige ist, der dieses Problem lösen kann, ohne die dazwischenliegenden hierarchischen Stufen durchlaufen zu müssen. Dieses Vorgehen führt zu deutlich weniger kritischen Zwischenfällen und entlastet zudem die die Führungskräfte enorm, da zuvor viele Informationen verloren gingen sowie Meetings notwendig waren, bis das eigentliche Problem bei ihm auf dem Tisch gelandet ist.

Wenngleich das Team die täglichen Abstimmungssitzungen als wertvoll und nutzenstiftend für sich erkannte, so gab es andere Aspekte des agilen Arbeitens, die das Team nach anfänglicher Erprobung als weniger erfolgreich ansah und somit nicht in die Zusammenarbeit mit aufnahm. Ein Beispiel hierfür war die allgemeine Organisation der Zusammenarbeit in Sprint-Zyklen. Das Team hat gemeinsam beschlossen, dass die grundsätzliche Orientierung der Arbeit in zyklischer Form mit gleichbleibend langen Intervallen nicht zu den Anforderungen im Unternehmen passen und das Team in dieser Hinsicht die ursprüngliche Arbeitsweise beibehält. Dieses Beispiel zeigt anschaulich, dass die Adaption der Arbeitsweise im Unternehmen nicht zwangsläufig eine vollständige Verinnerlichung und Übernahme einer Methodik bedeuten muss. Insbesondere die **individuelle Reflektion über die Arbeitsweise und die Anpassung von Arbeitsmethoden** helfen, eine Transformation anzustoßen und stetig nach Verbesserungen zu streben.

> **Übersicht**
>
> **Agiles und selbstorganisiertes Arbeiten** ist nicht die Lösung aller Probleme. Dennoch entwickeln sich agile Unternehmen im Vergleich deutlich schneller, sind anpassungsfähiger sowie reaktionsfreudiger, vor allem bezogen auf äußere Einflüsse. Reflektieren Sie daher offen und ehrlich, ob und wie Ihre Unternehmung von den modernen Ansätzen profitieren kann.

Lassen Sie sich dabei nicht von der Masse agiler Konzepte und Managementberatungen erschlagen. Als niedrigschwelliger Einstieg lassen sich tägliche 15-min Abstimmungen auf Team-Ebene testweise etablieren. Beginnen Sie zudem, gemeinsam **mit den Teams explizite, messbare Ziele für kurze Zeitintervalle** (z. B. zweiwöchig) zu definieren und die Zielerreichung im Anschluss konsequent zu prüfen – auf Augenhöhe, versteht sich.

Das **OKR-Konzept** ist äußerst nützlich, um Unternehmen geschickt zu lenken und auf Kurs zu bringen; zeitgleich ist es aber auch eine Umstellung, die Ihre gesamte Organisation verändert. Sollten Sie diesen Schritt gehen wollen, konsultieren Sie idealerweise Experten. Als gut schaffbaren Einstieg empfehlen wir an dieser Stelle jedem Unternehmen die Formulierung einer klaren Vision, als Orientierung und Ziel in weiter Ferne.

Ihr Transfer in die Praxis

- Sowohl die Reaktionsfähigkeit als auch die Effizienz Ihrer Unternehmung hängt maßgeblich von organisationalen Strukturen und Prozessen ab. Beginnen Sie daher sukzessive damit, Ihre wichtigsten, wertschöpfenden Prozesse zu visualisieren. Häufig reicht schon die bloße Transparenz über den IST-Zustand aus, um Ihre Produktivität zu steigern und schneller agieren zu können. Sollten Sie sich für umfassende Prozessoptimierungen entscheiden, so berücksichtigen Sie unbedingt die Denkweise in IDEAL- und SOLL-Prozessen.
- Während sich die Prozesslandschaft strukturiert und objektiv optimieren lässt, so stellt die Unternehmenskultur ein weitaus komplexeres Phänomen dar. Historisch und soziologisch gewachsene Verhaltensmuster lassen sich nicht einfach disruptiv verändern. Geben Sie angestrebten Veränderungen daher unbedingt Zeit und adjustieren Sie relevante Stellschrauben, um diesen Wandel zu begünstigen. Suchen Sie zunächst die Unterstützung jener Mitarbeiter, die der Veränderung gegenüber aufgeschlossen sind und versuchen Sie anschließend Skeptiker zu überzeugen. Stimmen Sie sich mit Ihrer Personalabteilung ab, um auf lange Sicht eine Personalstruktur zu etablieren, die dem angestrebten Zustand entspricht.
- Volatile Zeiten bedürfen agiler Managementpraktiken. Sie müssen nicht gleich das ganze agile Manifest umsetzen, dennoch lohnt es sich zu reflektieren, welche Ansätze sich für Ihr Unternehmen eignen. Versuchen Sie zudem eine gemeinsame Vision zu definieren, um Ihren Mitarbeitern auch in disruptiven Zeiten eine Orientierung zu geben. Bei Bedarf brechen Sie dieses entsprechend der OKR-Logik in Strategien und Jahresziele bis hin zu täglichen Aufgaben herunter.

Literatur

Beer, M. (1980). *Organization change and development: a systems view*. Santa Monica: Goodyear Publishing Company.

Beer, M., Eisenstat, R. A., & Spector, B. (1990). Why change programs don't produce change. *Harvard Business Review, 68*(6), 158–166.

6

Ausblick

Die Digitalisierung hat ihren Einfluss bereits auf alle Bereiche des Lebens ausgeweitet. Es ist keine neue Erkenntnis, dass sie ein mächtiges Instrument, aber auch ein unaufhaltsamer Treiber von Veränderung ist. Die Geschwindigkeit, in der diese Veränderung in den letzten Jahren vonstattenging, ist beeindruckend. Die Geschwindigkeit, die das Thema in den kommenden Jahren aufnehmen wird, wird jedoch überwältigend sein. Aufgrund dessen kann es schwierig werden, stets den Überblick zu behalten, um die richtigen Entscheidungen an den richtigen Stellen zu treffen. Dieser Quick Guide wurde daher geschrieben, um Ihnen eine Übersicht zu geben, welche Best Practices bereits im Mittelstand zu finden sind und wie Sie von diesen lernen können. Es wurde ein Augenmerk darauf gelegt, Ihnen nicht nur Informationen über Trends zu geben, sondern Sie ebenfalls durch konkrete Hilfsmittel und Empfehlungen dazu zu befähigen, das Gelesene unmittelbar für Ihr Unternehmen nutzbar zu machen. Obwohl bereits eine Vielzahl von Trends, Konzepten und Möglichkeiten vorgestellt wurden, wollen wir zum Ende dieser Veröffentlichung noch einen Ausblick geben, wo die Reise hinführen kann.

Ein wesentlicher Bestandteil der Produktion der Zukunft werden sogenannte Smart Factories darstellen. Produktionsprozesse werden nicht mehr manuell durch Menschen gesteuert, sondern der Mensch wird zentrale Überwachungsinstanz für teilautonome Maschinen. Diese Art der Produktion, auch als Skill-based Production bezeichnet, wird heute unter dem Begriff „Production Level 4", im Zuge von Industrie 4.0, was begrifflich auf die vierte industrielle Revolution abzielt, zusammengefasst. Hierunter versteht man keineswegs menschenleere Fabriken, jedoch werden Menschen in derartigen Systemen nicht mehr als ausführende Kraft, sondern als Koordinator und Überwacher der Maschinentätigkeit eingesetzt. Produktionsdurchläufe von Bauteilen werden automatisiert optimiert und unter Berücksichtigung aller zur Verfügung stehender Daten bis hin zur Losgröße 1 geplant. Modulare Produktionszellen ermöglichen die produktindividuelle Rekombination von Produktionsanlagen, um Kundenanforderungen in noch kleinerer Stückzahl und noch kürzeren Produktionszeiten umsetzen zu können.

Durch die umfassende Vernetzung dieser Smart Factories untereinander werden Sharing-Production-Ansätze den Regelfall darstellen. Produktionskapazitäten werden zwischen Unternehmen geteilt und dadurch optimal ausgelastet. Dies ermöglicht noch kürzere und effizientere Produktionszeiten durch optimale Maschinennutzung. Instandhaltungsmaßnahmen werden bereits vor Maschinenausfall durch KI-gestützte Analyse der Maschinendaten geplant und Produktionsabläufe zum Abfangen des Maschinenstillstandes während der Instandhaltungsmaßnahmen automatisch angepasst. Die auf diese Weise ohnehin schon reduzierte Stillstandzeit einer Maschine kann automatisch durch Zubuchen von Produktionskapazitäten bei Netzwerkpartnern aufgefangen werden.

Die Umsetzung solcher Sharing-Production-Ansätze ist eingebettet in Sharing-Economy-Ansätze. Hierunter wird die ganzheitliche Vernetzung von Unternehmen und deren Prozesse verstanden. Nur durch diese Vernetzung wird Sharing Production überhaupt erst möglich. Unternehmen gestalten ihre Wertschöpfungsprozesse in enger Abstimmung mit Netzwerkpartnern und tragen auf diese Weise zur Bildung resilienter Unternehmensnetzwerke bei. Die bewusste Vernetzung der Geschäftsmodelle ermöglicht es Unternehmen, in Zukunft noch besser auf wirtschaftliche Schwankungen zu reagieren und Risiken noch weiter zu minimieren. Gleichzeitig ermöglicht die Umsetzung von Sharing-Economy-Ansätzen Unternehmen auch, die Verfolgung von Nachhaltigkeit auf ökonomischer, sozialer und ökologischer Ebene zu intensivieren. In ökonomischer Hinsicht werden Risiken für Unternehmen durch Vernetzung minimiert, während beispielsweise die Einsparung von Ressourcen ökologische Nachhaltigkeit verfolgt. Soziale Nachhaltigkeit wird unter anderem durch die anforderungsgerechte Schulung von Mitarbeitern und die Verbesserung von Arbeitsbedingungen intensiviert.

Mit der Verwobenheit von Geschäftsmodellen geht die weitere Verbreitung rein datenbasierter Geschäftsmodelle einher. Die Wertschöpfung wird auch im Mittelstand weniger stark in der Produktion selbst verankert sein, als vielmehr in der Verarbeitung und Nutzung von Daten zur Erfüllung von Produktionsaufträgen, um bei dem zuvor aufgeführten Beispiel zu bleiben. Darüber hinaus werden Daten auch produktionsunabhängig ein weiteres Zentrum der mittelständischen Wertschöpfung darstellen, wodurch Kundennutzen noch präziser geschaffen werden kann. Bestehende Geschäftsmodelle etablierter mittelständischer Unternehmen werden sich maßgeblich verändern müssen, um den Kundenanforderungen gerecht zu werden. Datengetriebene Geschäftsmodelle werden zwangsläufig eine Ergänzung konventioneller Geschäftsmodelle darstellen und diese auch teilweise ablösen. Ein derartiger Trend ist heute schon in beeindruckendem Umfang erkennbar und breitet sich mit zunehmender Geschwindigkeit aus.

Diese Veränderungen werden von vielen mittelständischen Unternehmen als große Bedrohung oder zumindest als Unsicherheit wahrgenommen. Diese Einschätzung ist bei einer Stagnation des eigenen unternehmerischen Handelns auch durchaus als richtig zu bewerten. Gleichzeitig bietet diese Veränderung aber auch die Chance, durch die Anpassung des eigenen unternehmerischen Wirkens neue und verbesserte Wege der Leistungserbringung zu verfolgen und sich bietende Chancen zu ergreifen. Ein zentraler Aspekt hierbei ist die frühzeitige Erkennung solcher Veränderungen. Das stete wachsam Bleiben und die Sensibilität für Trends, neue Technologien, Veränderungen der

Zielgruppe und Veränderungen der Konkurrenz sind im Zuge dessen unabdinglich.

Hinterfragen Sie Ihr unternehmerisches Handeln regelmäßig und nehmen Sie nichts als gegeben hin, einzig aufgrund der Tatsache, dass Sie „es schon immer so gemacht haben" und damit womöglich bislang sehr erfolgreich agierten. Dann begeben Sie sich in die Position, Veränderungen als Chancen zu begreifen und diese für sich und Ihr Unternehmen nutzbar zu machen.

The manufacturer's authorised representative in the EU is Springer Nature Customer Service Centre GmbH, Europaplatz 3, 69115 Heidelberg, Germany. If you have any concerns regarding our products, please contact ProductSafety@springernature.com

Printed and bound by CPI Group (UK) Ltd, Croydon, CR0 4YY
25/03/2026
02078225-0005